ISBN 978-1-334-34612-5
PIBN 10728711

This book is a reproduction of an important historical work. Forgotten Books uses
state-of-the-art technology to digitally reconstruct the work, preserving the original format
whilst repairing imperfections present in the aged copy. In rare cases, an imperfection in
the original, such as a blemish or missing page, may be replicated in our edition. We do,
however, repair the vast majority of imperfections successfully; any imperfections that
remain are intentionally left to preserve the state of such historical works.

English
Français
Deutsche
Italiano
Español
Português

www.forgottenbooks.com

Mythology Photography **Fiction**
Fishing Christianity **Art** Cooking
Essays Buddhism Freemasonry
Medicine **Biology** Music **Ancient**
Egypt Evolution Carpentry Physics
Dance Geology **Mathematics** Fitness
Shakespeare **Folklore** Yoga Marketing
Confidence Immortality Biographies
Poetry **Psychology** Witchcraft
Electronics Chemistry History **Law**
Accounting **Philosophy** Anthropology
Alchemy Drama Quantum Mechanics
Atheism Sexual Health **Ancient History**
Entrepreneurship Languages Sport
Paleontology Needlework Islam
Metaphysics Investment Archaeology
Parenting Statistics Criminology
Motivational

ERRATA

page 17, 2ᵉ ligne du 2ᵉ alinéa, lire *23* ans au lieu de *25.*

» 18, 2ᵉ mot du 2ᵉ alinéa, lire *Tirailleurs* au lieu de *Turcs.*

» 25, 2ᵉ ligne, lire : le noir *dise* au lieu de *dit.*

» 26, 7ᵉ » » On *n'en* voulait pas, au lieu de On *en*...

» 26, 9ᵒ » du dernier alinéa, 5ᵒ mot, lire *objecté* au lieu de *projeté.*

» 28, 5ᵉ » du 3ᵉ alinéa, 6ᵒ mot, lire *motifs* au pluriel.

» 28, 5ᵉ » » 6ᵉ » » n'en forme *qu'un seul* au masculin.

» 30, 6ᵉ » » 3ᵉ alinéa lire *Les cadres* français, au lieu de *Le cadre.*

» 32, 2ᵉ » de la suscription de la lettre, lire *Tirailleurs indigènes,* au pluriel.

» 32, 3ᵉ » du 2ᵒ alinéa de cette lettre, lire le 12ᵉ mot, *jugées,* au pluriel.

» 41, 2ᵒ » » 2ᵒ alinéa ajouter *se* après le 2ᵉ mot, soit : « *se* reconnurent ».

» 46, 6ᵉ » » 2ᵒ alinéa ajouter *du culte* après le 6ᵉ mot, soit : « pour la satisfaction *du culte* ».

» 51, 2ᵒ » » 5ᵉ alinéa lire *une* victime au lieu de *un.*

» 61, dernière ligne, lire *D'une* part au lieu de *D'un.*

» 64, » » du 5ᵉ alinéa, lire *faits* prisonniers au lieu de *fait,*

» 65, 2ᵉ ligne du 6ᵉ alinéa, lire « à tour *de rôle* » au lieu de « à tour *rôles* ».

» 66, 2ᵉ ligne du 5ᵉ alinéa dernier mot, lire *prévoit* au lieu de *prescrit.*

» 68, 6ᵉ » » 5ᵉ alinéa, 8ᵒ mot, lire *placée* au lieu de *placé.*

» 75, 2ᵉ » » 5ᵒ alinéa, après le dernier mot, ajouter *français.*

LES SOLDATS MUSULMANS
au Service de la France

Les SOLDATS M au Service I

Lieutenant Indigène BOUKABOUYA
(HADJ ABDALLAH)
des Tirailleurs Algériens

1917
Librairie Nouvelle de Lausanne
LAUSANNE

Lettre ouverte à Mr. le professeur de Montet

<u>Lausanne</u>

Monsieur,

Vu l'activité que vous avez déployée pour répandre la brochure portant le titre « Réplique à des mensonges », il m'est bien agréable de vous faire parvenir ce deuxième fascicule de «l'Islam dans l'armée française».

J'ose espérer qu'à l'avenir le sort de mes coreligionnaires qui combattent dans les rangs français soit toujours l'objet de votre bienveillante attention.

Veuillez agréer, Monsieur le professeur, l'assurance de ma parfaite considération.

R. BOUKABOUYA
Lieutenant indigène de tirailleurs algériens.

Explications nécessaires

La précédente brochure que j'ai écrite sur les mauvais traitements dont souffrent les militaires indigènes algériens dans les rangs français et qui a été publiée sous le même titre que la présente et sous le nom du lieutenant El Hadj Abdallah, a suscité une « réplique » de la part des autorités françaises, parce qu'elle a produit de l'effet et instruit mes coreligionnaires sur les abus qui frappent les combattants musulmans.

Les réfutations des autorités françaises sont résumées dans une brochure à laquelle celles-ci ont également donné le titre de *L'Islam dans l'armée française*, qu'elles ont fait suivre de cette suggestive apostrophe : « Réplique à des mensonges ».

La « Réplique à des mensonges » porte les noms de deux musulmans pseudo-auteurs : Mokrani Boumezraq Al Oueuneghi et Katrandji Abderrahmane, fonctionnaires attachés aux formations sanitaires de Paris, et qui, par conséquent, se trouvent sous l'influence de ceux qui ont élaboré cet ouvrage.

J'aurais mieux aimé avoir à m'expliquer avec quelques Français, puisque mes écrits attaquent les abus et le triste rôle qu'exercent les cadres français sur les soldats indigènes. Mais comme il n'y a que la vérité qui blesse, les intéressés ont préféré se retrancher derrière ces deux musulmans qui ne connaissent ni l'armée indigène, ni le caractère des intrigues que cette armée a eu à subir au front de France.

· Enfin, la « Réplique à des mensonges » a invoqué, à l'appui de ses réfutations, un grand nombre de témoignages de grands personnages musulmans, habitués à voir tout en rose dans leur entourage.

Soit ! Je tâcherai quand même de m'expliquer avec mes deux coreligionnaires, pseudo-auteurs de la « Réplique », et je leur dis dès maintenant ce qui suit :

Le premier fascicule de *L'Islam dans l'armée française* et le présent sont écrits par moi, Boukabouya Rabah, lieutenant indigène de tirailleurs algériens. Cet Allemand qui a été accusé à tort, n'a donc rien à faire ici. En ce qui concerne la confirmation des allégations qui font l'objet de la première brochure, je soutiens formellement que des actes de violence et des privations de toutes sortes n'ont pas été ménagés aux corps indigènes au front de France. Le second fascicule de *L'Islam dans l'armée française* s'étendra d'ailleurs sur de nouveaux sujets qui apporteront de nouvelles preuves à la véracité de mes allégations.

J'aurais voulu, tout en assumant la pleine responsabilité de mes écrits, ne pas avoir à discuter ici sur les circonstances qui ont motivé mon action personnelle, pour réserver les justifications à ceux qui me demanderont un jour compte de mes actes.

Mais comme mes contradicteurs ont interprété à leur façon l'esprit de mes écrits, et m'ont surtout attribué quelques expressions sonores trop faciles à déclamer, j'y riposte momentanément pour y réfuter leurs insultes.

On me dit que je suis un déserteur et un traître à ma « patrie adoptive ». Si ces vocables sont vraiment sortis de la bouche de Mokrani et Katrandji, j'aurais le regret de leur répondre que le véritable traître à sa patrie est ce musulman qui, moyennant le sourire blafard de quelque

officiel à redingote et quelques pièces blanches mandatées
sur le chapitre de la propagande, se fait le *porte-parole*
de tout un peuple, de toute une armée indigène qu'il ne
connaît pas, et cela pour déclamer — contrairement au cri
intérieur de sa conscience — des louanges bourrées de flatteries pour satisfaire l'appétit des dominateurs de notre pays.
Qui sait, de plus, si ce Katrandji n'est pas précisément un
rejeton de cette noble ville de Stamboul qu'il renie honteusement aujourd'hui devant les Kourghlis d'Algérie, tout
en se faisant le complice de ceux qui lancent les plus gros-
sières injures à l'encontre du représentant de notre foi.

Si, enfin — et comme j'ai tout lieu plutôt de le croire —
ces insultes ont été proférées par le traducteur français qui
a cru forcer la note de sa narration par de ronflants subs-
tantifs, j'aurai encore soin, plus loin, d'apprendre à ce zélé
Tordjman[*]) comment une population de ses concitoyens de
France a pratiqué le commerce de la traîtrise avec l'ennemi
et comment elle a cherché à livrer et le sol et les défenseurs
indigènes qui croyaient défendre cette population contre les
envahisseurs de l'Est de la France.

Katrandji et Mokrani ont dit encore ceci dans leur
«Réplique» : «Il nous appartient, à nous, hommes mûrs, qui
commençons à sentir peser sur nos épaules le fardeau des
années, et qui avons, par conséquent, beaucoup vu et beau
coup retenu, de faire entendre des paroles de protestations...»

Je leur réponds que je compte 23 ans de services effectifs dans l'armée française ; que je suis — ou j'étais, comme
on voudra — chevalier de la Légion d'honneur et titulaire
de plusieurs médailles coloniales; qu'au front de France, où
j'ai servi en dernier lieu pendant 8 mois contre les Allemands,
j'ai à citer deux cas parce que, accomplis sous les yeux d'un
bataillon de mille hommes (Français et indigènes), ils ne
pourront pas être ensevelis par les cadres qui avaient l'ha
bitude — ils l'ont moins maintenant d'après Mokrani et

---

*) Tordjman : interprète.

Katrandji — d'enfouir cadavres et actions indigènes dans les mêmes trous d'ingratitude.

1º A Bailly (front de France), en octobre 1914, le commandant Retz du 3e Tirailleurs ayant été tué dans une contre-attaque allemande, son corps a dû être abandonné pendant 3 jours au bord d'un fossé situé à 20 mètres des tranchées allemandes. Des tranchées françaises, éloignées à peu près de 200 mètres de l'endroit où était étendu le cadavre de l'officier, des camarades de « promo » de Retz — dont le cadavre demeurait toujours visible — jetaient des regards larmoyants, mais personne ne s'aventura dans une action si périlleuse pour ramener ce corps. Affecté par ce spectacle qu'attristait encore la présence d'un membre de la famille de l'officier tué, je m'offris volontairement à cette besogne et, accompagné de quelques « laskars » de mon choix, je réussis, en plein jour, à faire rentrer le cadavre qui portait encore une sacoche renfermant d'importants papiers de service et une somme d'argent auxquels les Allemands — réputés alors si « chapardeurs » n'avaient pas même touché.

2º Le 31 octobre 1914, à Bailly aussi, on me confia la mission — une fois n'est pas coutume! — d'attaquer un élément de tranchées allemandes et de m'emparer de quelques maisonnettes situées au nord du village de Bailly, alors occupées par des postes avancés allemands, et qui devenaient des lieux suspects où se tramaient quelques coups de mine ou d'attaque de surprise nocturne. Appuyé par le tir sur place des fractions de flanc, j'ai dû entamer mon action à travers ces difficultés qui n'ont aucun secret aujourd'hui dans l'art des fils barbelés que l'on dresse à côté de quelques « pastèques » noirâtres à ceux qui viennent rôder dans les terrains disputés. Les maisonnettes furent prises; mais le peloton qui fut mis à ma disposition dut y laisser la moitié de son effectif hors de combat. Nous parvîmes même à faire un gain de 150 mètres de terrain en deçà de l'objectif assigné mais le commandement, pour des raisons que j'ignore, dut me rappeler à l'arrière pendant la nuit, alors que j'avais déjà commencé avec mes hommes un sérieux retranchement tout en livrant combat.

Je ne fais pas de bravades; je tiens seulement à prévenir les pseudo-auteurs de la « Réplique » que dans les rangs français j'ai accompli mes devoirs militaires jusqu'à la dernière minute, c'est-à-dire jusqu'au jour où cette surveillance clandestine dont j'ai parlé dans la première brochure étant devenue une horreur, j'ai jugé indigne pour un musulman de continuer plus longtemps à se battre dans des rangs qu'on a infectés d'agents secrets pour épier nos gestes, pendant que notre sang coulait abondamment pour la défense de la France.

Le tribunal de la conscience musulmane de mon pays — celle qui est dégagée de tout atteinte française — aura donc à se prononcer sur les faits que j'ai signalés déjà et sur ceux que je signale encore à son attention.

R. Boukabouya.

PREMIÈRE PARTIE

I.

CE QUI A ÉTÉ DIT ET CE QUI VA SUIVRE
AU SUJET DE L'ARMÉE INDIGÈNE

En dehors des nécessités exigées par les règlements militaires, nécessités qui atteignent chefs et soldats de toutes catégories sans exception, les troupes indigènes ont à souffrir des tracasseries supplémentaires à l'intérieur de leurs corps.

L'armée française est une grande usine, où certains ouvriers qui contribuent au meilleur de l'action de ses rouages sont lésés, parce qu'ils appartiennent à une race qui n'est pas celle des contre-maîtres qui en assurent le fonctionnement.

Les mercenaires ? — L'armée indigène a des attaches profondes dans le sein de l'armée française ; son histoire qui date de longue date, est riche en événements militaires ; elle a sacrifié le meilleur, de ses forces qui ont permis à la France d'asseoir sa domination en Afrique même et de s'enrichir de possessions lointaines ; elle a consenti à tirer sur ses coreligionnaires au Maroc.... Son mérite n'est pas récompensé ; les mauvais traitements ne sont pas ménagés ; des motifs étrangers au service s'infiltrent et rendent la situation pénible.

La première édition de *L'Islam dans l'armée française* a relaté des faits qui ont été saisis sur le vif pendant l'exécution des actions militaires au front de France, mais qui restent incomplets parce qu'ils ne donnent qu'une idée insuffisante des vices qui règnent en grand à l'état ordinaire.

Pendant que la France développe sa colonisation au nord de l'Afrique, elle s'applique, par contre, à écorcher désavantageusement les lois organiques qui lient l'Islam à l'armée française. Indépendammant des avantages pécuniaires qui ont été réduits à une base infime, les cadres indigènes ont subi des modifications non moins malheureuses. Le plus haut grade auquel peut arriver un musulman est — on le sait celui de lieutenant. Des deux officiers indigènes qui existaient auparavant dans chaque compagnie ou escadron, il n'y en a plus qu'un seul aujourd'hui et ceux qui tombent au front sont remplacés par des européens. Le métier des autres gradés indigènes est insupportable. Ceux qui voient de loin la situation riante, doivent s'en approcher pour en constater les inconvénients. C'est ce qui sera développé dans cette deuxième édition.

On me permettra d'introduire dans le présent document quelques passages de politique indigène parce que, marchant de pair avec les bases de recrutement, ils me seront d'une grande utilité et donneront une idée nette de la situation que je retrace.

On a invoqué dans la « Réplique à des mensonges » des procla mations souveraines attestant l'attachement des Arabes algériens. J'avais indiqué moi-même dans la première brochure le premier élan du loya lisme indigène à l'égard de la France. Il s'agit de connaître mainte nant l'esprit de ceux qui ne sont pas loyaux à notre égard.

Après tout, que viennent faire dans une affaire embourbée d'abus les proclamations de S. M. le Sultan Moulay Youssef et de S. A. le Bey de Tunis ?

Quel rôle ces deux monarques jouent-ils dans l'armée française ?

Le gouvernement français les a-t-il seulement flattés par un titre militaire honoraire à la tête de troupiers musulmans pour que, premiers défenseurs légitimes de leurs sujets, il leur eût été possible de les approcher un moment et de s'inquiéter tant soit peu de leur état?

A-t-on vu un des deux souverains de l'Afrique du Nord passer en revue un élément quelconque de soldats indigènes, si ce n'est qu'à l'occasion de prises d'armes en l'honneur de grands personnages officiels français, on les convoque à la tribune où, en mannequins immuables, ils assistent aux défilés des troupes qui semblent leur dire dans le langage des dominateurs : « La France est forte, elle a beaucoup de canons et beaucoup de mitrailleuses pour assurer la soumission complète des musulmans et pour asseoir la sécurité des colons pionniers de la civilisation ».

Ailleurs, je demande à ce Tordjman de la *Réplique*, s'il a eu vraîment la naïveté de nous apprendre ce que c'est qu'un boursouflage de louanges, du genre de celles qu'il a longuement étalées dans son opuscule ?

Les musulmans suivent sans doute avec attention les événements de la guerre ; quant à l'issue finale et souhaitable, le subtil traducteur n'est pas encore arrivé à percer le cœur de ceux qui lui fournissent des proclamations : Il ne peut pas être plus musulman que nous à ce point de vue. Qu'un changement de couleurs se produise dans quelque coin de l'Afrique du Nord, et il verra de quelle façon il sera reçu dans les *Zaouias* où il va quémander de porte en porte l'assentiment des confréries pour psalmodier les bienfaits de la France.

Je continuerai à décrire dans cette brochure la vie militaire des indigènes telle que je l'ai vécue pendant 25 ans, au milieu de mes coreligionnaires, et sans m'effaroucher des nombreuses « accusations mensongères » qui m'ont été imputées dans la « Réplique », sachant bien que le lecteur consciencieux en jugera à bon escient.

J'aurai également soin d'introduire dans cette édition quelques sujets un peu à l'écart du rôle que je m'étais d'abord tracé, mais devenus maintenant nécessaires pour faire réponse à ceux qui ont été provoqués dans le livre de Mokrani et de Katrandji.

II.

LES MAUVAIS COTÉS DE L'ORGANISATION DES TROUPES INDIGÈNES

Le passé. — Le présent. — La conscription. — Les brimades dont souffrent les lettrés.

Ce n'est pas que l'administration francaise ne sache pas doter les Arabes de quelques « trucs » de son génie colonial très inventif, au contraire. Les bons moyens employés par la douce France sont tous au détriment des indigènes.

Les Turcs de Sébastopol, de Solférino, de San Lorenzo, de 1870, ont été conduits sur le champ de bataille par des chefs animés alors de chevaleresques sentiments et chez lesquels il n'entrait autre chose que l'amour du métier qu'ils partageaient dans une saine confraternité d'armes avec les Arabes, en prenant pour eux un poids égal de peine et de gloire.

Les beaux jours étant passés, avec eux disparurent les nobles décrets qui avaient su si bien capter les sentiments des musulmans pour les amener à combattre côte à côte avec les Français.

Napoléon III, reconnaissant le mérite de ceux qui s'étaient distingués sur divers champs de bataille pour la gloire de la France, lança un jour en pleine assemblée, ce mot magnifique : « Si je suis empereur des Français, je suis encore celui des Arabes ! »

Les Tirailleurs de 1914 sont conduits par des chefs — les bons ont été corrompus par les mauvais — qui, aveugles au mérite, ne reconnaissent dans l'armée indigène que les calomnies que l'on propage dans les feuilles de haine entretenues sous le haut patronage de ceux-là même chez qui les musulmans croyaient trouver un appui : les colons députés de l'Algérie !

C'est le rebours du bon sens que de vouloir développer la colonisation et, en même temps, d'éteindre progressivement les choses indigènes !

Par acomptes successifs, les statuts qui régissent l'état des militaires indigènes ont subi de graves modifications d'ordre moral et matériel : suppression du tiers des gradés indigènes ; diminution de la solde, des retraites ; suppression de la « Campagne d'Afrique » qui rapportait un certain bénéfice dans les retraites et, par dessus tout, raccord d'un programme militaire indigène avec l'esprit des principes de colonisation que la France entend imposer à tous les sujets sous sa domination.

On voit d'ici si les principes de l'indigénat peuvent éclairer « efficacement » messieurs les chefs des casernes musulmanes !

Pour arriver aux bonnes fins de l'accord des *deux programmes,* M. G. Clémenceau — alors président du cabinet — décréta les fameuses *préséances* que les officiers francais eux-mêmes ne trouvèrent pas de bon goût plus tard !

En vertu de ces préséances, le général en chef commandant les forces de terre et de mer de l'Afrique du Nord, n'aura désormais le droit de saluer M. le gouverneur général de l'Algérie, dans une cérémonie officielle, que derrière le secrétaire du gouvernement de l'Algérie ! Et la courbette humiliante — je dis *humiliante* parce que j'ai entendu ce mot de la bouche des officiers francais mêmes — atteindra ainsi tous les échelons de la hiérarchie militaire de la colonie qui, à l'égard des fonctionnaires civils d'un grade correspondant, doivent les premiers le salut militaire dans toute son attitude. Exemple : Un capitaine décoré doit joindre les talons et porter la main au képi au passage de M. l'administrateur. Les militaires indigènes, bien entendu, sont assujettis aux mêmes obligations. C'est même pour rehausser le prestige des *administrateurs aux yeux des indigènes* qu'on a décrété ces mesures. Qui commande alors dans les casernes indigènes ? Sont-ce les officiers français ou les administrateurs ? Les uns et les autres. Il s'agit de réunir les deux programmes (civil et militaire) dans les mêmes vues de l'indigénat.

Les colonels des régiments de tirailleurs et de spahis donnent des « instructions » pour manier la discipline des indigènes — en dehors du code militaire proprement dit — de telle sorte que ces derniers doivent servir la patrie française en accomplissant tous les devoirs mais sans en revendiquer les droits.

Des sections dites de « discipline » ont été créées dans les lointains confins du désert ; on y envoie surtout ceux des militaires musulmans que la civilisation a munis d'un petit bagage de francais, parce qu'on les trouve gênants au milieu des montagnards auxquels ils peuvent donner « quelques mauvais conseils ». C'est l'indigénat fondu dans ses deux branches, et les indigènes qu'on appelle au service obligatoire ou ceux qui viennent s'y engager volontairement, ne font qu'échanger le burnous blanc contre la veste bleue. C'est à peu près « Kif-Kif », déclament-ils !

Aussi fut-il un moment où les corps indigènes virent faiblir sérieusement leurs effectifs.

La solde et les retraites diminuées, des gradés supprimés, le salut aux administrateurs — ces ennemis héréditaires des Arabes —, les tracasseries de l'intérieur, etc., etc., ont éloigné avec dédain les Arabes du métier des armes. La situation devint grave. Les concerts de la « nouba »*) organisés dans les marchés pour la propagande des engagements — dans les centres réputés pour cela — ne donnèrent que des résultats insignifiants. La campagne du Maroc vint imposer de nouvelles charges au gouvernement, et il fallut se procurer à tout prix des effectifs. Que faire ? Revenir aux anciennes dispositions ? C'était pressant, et le marasme des formalités durera longtemps. C'est alors que le cri de « Conscription » retentit comme un coup de foudre. Conscription ! service obligatoire pour les Arabes « *avec droits !* » Les colons ne l'entendirent pas de cette oreille. Ceux qui vivaient de longue date dans les transes du bicot, allaient voir en ce bicot que l'on manie au doigt et à l'œil, un égal, un citoyen français avec un bulletin de vote ! Les députés algériens absents de Paris, rejoignirent vite leur poste ; ceux qui étaient restés à Paris reçurent de nombreux télégrammes émanant de leurs électeurs et leur recommandant une opposition absolue à la conscription des indigènes *avec droits.* M. Etienne, député-colon, alors ministre de la guerre — quelle coïncidence malheureuse pour les Arabes ! — reçut un télégramme de ses électeurs conçu à peu près en ces termes ·

« Electeurs circonscription Oran, réunis assemblée plé-
« nière, font pressant appel à votre autorité pour opposition
« à conscription des indigènes avec droits civiques. Ils
« comptent absolument sur votre dévouement. »

Et le ministre de la guerre, député-colon de leur répondre ·

Electeurs, Oran.
« Vous donne assurance que je m'opposerai de toutes
« mes forces au service militaire obligatoire des indigènes
« avec droits. »
                                                    « ETIENNE. »

Encore un préjugé à l'eau !

---

*) Nouba : orchestre indigène composé de flûtes (reïtas), de tamtams etc., en usage dans les Régiments indigènes.

Je ne me hasarderai pas ici à traiter la question de la conscription ; c'est à mes coreligionnaires d'Algérie plus outillés qu'il appartient de lui donner la solution qu'elle mérite. Je me bornerai seulement à dire, en connaissance de cause, comment elle est pratiquée actuellement dans les corps indigènes.

On sait que les colons — comme toujours — ont eu le dessus. L'impôt du sang a été imposé aux musulmans sans avantages. Le gouvernement, néanmoins, a décidé de donner aux nouvelles recrues des primes en argent que beaucoup d'elles refusent. Les capitaines des compagnies et des escadrons les obligent à les accepter de façon que les cadres français instructeurs — auxquels je réserve un chapitre spécial plus loin — puissent dire dans leurs détractions coutumières ·

« Vous êtes payés, bandes de cochons ! »

Les cochons ne font pas partie de l'alimentation de l'indigène et de plus ils ne se laissent pas abattre facilement. Il aurait mieux fallu dire « bandes de moutons ! »

Personnellement, je considère la conscription comme une mesure de *volontariat forcé*. La passion qu'avait autrefois l'Arabe d'aller à la caserne pour avoir un fusil et du baroud — denrées rares et prohibées aux musulmans de la colonie — est presque complètement disparue. Les indigènes nécessiteux eux-mêmes se sont détournés, et le gouvernement qui a bien constaté ce fléchisssment dans le recrutement des volontaires, a eu alors recours au stratagème de la conscription. Or, qu'allait devenir la nouvelle situation, car, desormais, deux élements distingués par l'origine du recrutement — les volontaires et les appelés — vont se confondre ? On ne pourra pas faire des concessions aux uns et échorcher l'amour-propre des autres, si l'on ne veut pas provoquer des scènes de jalousie, voire même des querelles entre les deux classes. Point n'est besoin de se creuser le cerveau ; il faut user de simplicité avec l'Arabe. Engagés volontaires, appelés, naturalisés, etc., logent tous maintenant à la même enseigne : « tu marches ou tu ne marches pas ! » c'est le cri d'actualité. Seulement, les contingents qu'on a déjà appelés ponr combler les vides ont amené forcément une partie de l'élite musulmane qui, avant la conscription, avait toujours évité avec soin d'avoir accès dans les casernes à cause des brimades qui atteignent spécialement les indigènes lettrés de la part des cadres. Eh bien, à ce propos, je mettrai sous les yeux du lecteur une de ces scènes qui donnera un aperçu de ce qui se passe en temps de « paix » quant à l'esprit dont sont animés les chefs francais à l'égard de tous ceux des musulmans qui baragouinent tant soit peu le langage de leurs maitres.

Dans une de ces garnisons d'Algérie, on voit un jour — après l'application de la conscription — un fort groupe d'indigènes pénétrer à l'intérieur d'un *bordj*)* sous la conduite d'un caïd à cheval, armé et semblant plutôt conduire une bande de malfaiteurs que des gens qui viennent y accomplir un devoir imposé. Le groupe est arrêté au milieu de la cour ; le caïd a mis pied à terre et attend que quelqu'un vienne prendre livraison des futurs citoyens. Un capitaine suivi d'un adjudant arrive. Le caïd, après avoir pris une attitude militaire irréprochable, tire de sa *djébira* un papier administratif et le remet à l'officier. Celui-ci examine la *carta* et jette un coup d'œil sur le groupe des nouveaux venus. Remarquant un indigène avec une belle *chéchia* rouge (fez) sur la tête, un faux-col et un *séroual*, vêtements qui tranchent au milieu des burnous et des turbans traditionnels des autres, il va à lui et l'interpelle dans le dialogue que voici :

Comment t'appelles-tu ?

Mohamed ben Ali, répond le jeune soldat.

Tu parles français ?

Un peu, Monsieur.

— On ne dit pas monsieur ici, nom de Dieu !... répliqua vertement le capitaine.

Puis se tournant à demi vers l'adjudant, il lui dit à voix basse : Il faut avoir l'œil sur ce « moineau » ; ce doit être un de ces jeunes.....

L'adjudant fit un signe affirmatif de la tête.

Les autres recrues ne comprennent pas le français. Elles sont, après vérification de leur identité, réparties séance tenante dans les sections de la compagnie où les gradés indigènes sont convoqués pour en prendre chacun le groupe qui lui est affecté

Reste le « moineau » qui, les talons joints depuis 2 heures, attend ce qu'on veut faire de lui. — Il connaît le francais, il lit les journaux, s'est dit le capitaine, et il peut donner quelques mauvais conseils aux montagnards qui, comme lui, vont endosser tout à l'heure l'uniforme. Que faire ? Il faut cependant qu'il apprenne à manœuvrer, murmura une dernière fois le commandant de la compagnie. Il se décida et, faisant signe au « lettré » de s'approcher, il lui dit : « On va te mettre dans l'escouade du caporal X... Il n'est pas méchant, mais il ne se laisse pas tromper facilement (il s'agit d'une escouade spéciale où l'on « dresse » les lettrés). Tu tâcheras de marcher droit, tu sais ?... Autrement, il y a ici la prison qui est plus dure que celle de l'administrateur, la cellule de correction et, pour les mauvais sujets qui donneront de

---

*) Bordj : maison blanche.

mauvais exemples, c'est le conseil de guerre ou la section de discipline du Sahara. Attention ! »

Le capitaine a tourné les talons.

Mohamed ben Ali est égaré : il est encore trop jeune pour comprendre le grave avertissement de son capitaine. Celui-ci l'a condamné presque en « jeune turbulent » avant de l'avoir jugé en jeune soldat. L'adjudant — préfet de police chez les troupiers indigènes — a pris bonne note de l'ordre qui lui a été communiqué à voix basse ; les autres gradés français de la compagnie en seront avertis.

Le « moineau » aura beau chanter les louanges de la « douce France », il aura quand même des « petites courroies » à avaler durant son séjour sous les armes, jusqu'à ce qu'un jour, il aille s'asseoir sur les bancs d'un conseil de guerre ou rejoindre ceux de ses coreligionnaires que l'on fait griller au soleil brûlant des sables sahariens pour la seule faute d'avoir été des soldats lettrés au milieu de soldats fellahs ignorants !

III.

L'ARMÉE NOIRE CONTRE L'ARMÉE BRONZÉE *)

En dehors des « mauvais côtés » signalés d'autre part, je voudrais indiquer dans ce travail d'autres antécédents qui n'ont pas moins malmené tirailleurs et spahis au cours de la campagne du Maroc.

C'est une légende drôle, et le contact des soldats algériens avec les Sénégalais a révélé contre les Algériens une sorte d'antipathie mani feste de la part des chefs de l'armée noire.

Sans trop chercher dans les causes, il est avéré qu il y va d'abord de la mauvaise foi d'un certain nombre de nos officiers français qui, tout en déclarant leur *profonde connaissance* de l'arabe, se répandent plutôt en diffamations contre la mentalité des soldats algériens, c'est-à dire contre leurs propres hommes.

C'est ainsi que tirailleurs et spahis indigènes passent aux yeux des cadres de l'armée noire pour des voleurs, des menteurs et surtout pour des individus que couvre le mince vernis d'une petite civilisation arrogante.

Les officiers de la coloniale **) — qu'il ne faut pas confondre avec ceux de l'Algérie et de la Tunisie — a l'affût de renseignements instructifs dès leur arrivée au Maroc, se mirent vite dans la tête que les troupes indigènes de l'Algérie n'étaient donc autre chose qu'un amalgame de brigands contre lesquels il fallait mettre les Sénégalais en garde.

Et l'on ne tarda pas à entendre de la bouche des Sénégalais ce charmant proverbe : *Moslem blanc, y a pas bon !*

La bonne foi des Sénégalais venus de loin et avec lequel nous avons pris contact sur la terre marocaine, ne saurait être mise en cause ici. La plupart d'entr'eux sont d'ailleurs des musulmans comme nous et tous ceux qui connaissent les relations entre noirs et blancs dans leur vie ordinaire peuvent dire dans quelle estime réciproque ces deux races se rapprochent pour vivre en bonne intelligence. Au Maroc notamment, les princes marocains eux-mêmes vont jusqu'à contracter des mariages légitimes avec des femmes noires. C'est dire qu'il ne pouvait

---

*) Armée noire : Troupes indigènes du Sénégal ou d'autres contrées de l'Afrique occidentale.
Armée bronzée : Troupe d'Algérie, de Tunisie et du Maroc.
**) C'est le cadre de l'armée noire.

pas exister de mauvais précédents entre noirs et bronzés pour que, se rencontrant au Maroc, le noir dit : *Moslem blanc, y a pas bon.*

Certains des soldats noirs que l'on a débarqués au Maroc n'ont pas, sans doute, évité quelques agressions dont les torts atteignirent surtout la population civile marocaine. Mais en se montrant belliqueux à l'encontre des blancs, les Sénégalais n'avaient obéi qu'à l'expression qui leur a été sournoisement inculquée : *Moslem blanc, y a pas bon.*

Il ue s'agissait là d'ailleurs que d'intrigues de première entrevue qui n'attirèrent pas assez notre attention sur l'animosité qui nous était réservée pour de meilleures occasions. Le Maroc allait bientôt subir une autre transformation et les éléments noirs, renforcés à ce moment de nouveaux chefs et d'autres contingents, auront à jouer un rôle autrement affermi au Maoghreb. On verra plus loin que les *Nas* [*)] bronzés d'Algérie, dont l'amour-propre avait été déjà si blessé par certains de leurs chefs, auront encore à subir de nouvelles tracasseries pour devenir en fin de compte quelque chose comme des parias fâcheux. On verra enfin que des questions politiques concernant la sécurité de l'Algérie viendront se mêler au *développement de l'armée noire,* armée à laquelle la France accorderait de préférence sa confiance pour maintenir le prestige de sa domination dans toute l'Afrique du Nord. C'est la deuxième phase des événements qui va suivre dans la nouvelle situation du Maroc.

Tandis que les généraux Drude, d'Amade et Moinnier quittaient successivement le commandement du Maroc, un cri d'allégresse retentit subitement chez les *marsouins :* Place ! place l Voilà l'homme noir qui passe ! Le nouveau chef est le général Lvautev, Résident général de France au Maroc, « Commandeur des Croyants »: de Moulay Youssef général commandant en chef l'armée d'occupation et, de plus, fervent adepte de la confrérie des chefs de l'armée noire.

De ce fait, le Moroc oriental eut à sa tète un général colonial. Le Maroc occidental hérita également d'un officier général colonial Marrakech, Fez, Casablanca, eurent des chefs coloniaux et l'on ne verra point un des moindres postes du Maroc qui n'ait pour chef un de ces *marsouins* qui eureut à bénéficier des libéralités du grand chef.

Les officiers français des *Nas* bronzés, eux, se virent passer bien entendu pour d'excellents arpenteurs de kilomètres, ou d'habiles géomètres dans la symétrie des lits de garnisons ! Le Maroc vient de changer d'étiquette et les chefs de l'armée noire qui en détiennent

---

[*)] *Nas :* Sobriquet qui designe le troupier indigène d'Algérie d'après le vocabulaire en usage chez les cadres francais.

désormais l'autorité se mirent naturellement en devoir d'imposer leur entrée en scène. Il fallait des manifestations *extérieures* pour accroître leur ascendant aux yeux des Marocains, non encore habitués à l'ancre dorée de la gracieuse coloniale. A cet effet, les gradés et vieux soldats algériens qui faisaient partie des escortes d'honneur ou comme attachés aux services des bureaux administratifs, furent invités à reprendre le service dans leur corps. On en voulait pas de *cette mauvaise graine.* Et partout, du Maroc occidental au Maroc oriental, on ne verra désormais les nouveaux gouverneurs qu'escortés de ronflants pelotons de cavalerie sénégalaise, cette arme si chère au général Lyautey.

Les *Nas* et leurs chefs subirent dans cette nouvelle situation une *descente* vraiment trop brusque. C'est à ceux-là que reviendront dorénavant les excursions les plus fatiguantes et les corvées les plus ennuyeuses.

Et les Sénégalais de répéter au milieu de leurs smalas dans les danses nocturnes « Y a bon Maroc ! » Aux yeux des Marocains, les premiers envahisseurs de la *Chaouia* qui ont le malheur d'être blancs ou bronzés, ceux enfin qui eurent à supporter les premiers chocs de la pénétration, viennent de subir une disgrâce incompréhensible.

Les faveurs d'installation et de ménagements que l'on accorde généralement aux Zouaves au Maroc sont, disent-ils, des signes logiques de la solidarité qui existe entre Français. Mais les Noirs, venus après les Blancs. à quel titre les a-t-on rehaussés au détriment des Algériens.

Tout s'explique.

Le programme du général Mangin qui a trouvé de généreux chapitres dans le budjet français n'a pas été précisément d'une préparation pour le Roi de Prusse

Les rédacteurs arabophobes des feuilles de haine de l'Algérie avaient mené une violente campagne contre les Arabes. On a encore présente à la mémoire — à moins que les musulmans oublient si facilement, comme toujours — cette néfaste doctrine où André Servier et consorts avaient signalé aux électeurs de MM. Cuttoi et Thomson, qu'un fâcheux panislamisme avait glissé en Algérie par les confins de l'Egypte, et qu'une bonne partie de l'élite musulmane d'Algérie se redressait avec une mentalité intolérable. Si la population indigène civile est désarmée, avait-on projeté, 150 000 de leurs correligionnaires sont soldats et armés de beaux «Lebel» qui, dans un de ces réveils de fanatisme arabe, pourraient prendre pour point de mire les dominateurs de l'Afrique du Nord eux-mêmes !...

Il fallait donc prendre des précautions. Que faire ? Augmenter les effectifs noirs. Il faut être maître jusqu'au bout des ongles chez les Musulmans algériens. Les troupes françaises d'occupation sont insuffisantes d'abord, puis trop dispersées dans les plis du bled pour y accourir en temps voulu à la répression d'une alarme indigène de grande envergure. Les noirs, une fois acclimatés et *supplantés* aux indigènes c'est la théorie préparatoire qui se fait actuellement au Maroc — iront s'échelonner du Maroc aux portes de Sfax, dans des centres que désignera le Gouvernement. La sécurité sera mieux assurée, les Musulmans seront mieux en mains.

Alors ce vocable de *moslem blanc y a pas bon* que nous avons entendu souvent chez les gris-gris a un but. L'armée noire a pris un pied solide au Maroc ; des bataillons sénégalais occupent déjà quelques garnisons en Algérie. C'est l'échelonnement progressif qui suit son cours et les Musulmans algériens sont édifiés maintenant sur le rôle qu'aura à jouer l'armée noire à côté de l'armée bronzée.

IV.

LES CADRES FRANÇAIS EN ACTION

J'en arrive à un chapitre palpitant : Les cadres français en action.

Tout le monde sait ce qu'on appelle *cadres* dans un corps de troupes. Les régiments indigènes, comme les régiments français, sont commandés par des officiers et sous-officiers français, ayant pour auxiliaires un petit cadre de gradés indigènes. Les gradés musulmans — auxquels je réserverai un chapitre ci dessous — n'ont aucune initiative professionnelle lors d'un exercice exécuté sous le commandement des cadres français ; ils servent seulement de porte-parole pour répéter, en arabe, à leurs coreligionnaires ce qu'a dit tel ou tel gradé français, au cours des mouvements militaires.

Au front de France, pendant cette guerre, la première édition de *L'Islam dans l'armée française* a signalé que les cadres français avaient exercé une série de mauvais traitements sur les troupes indigènes. Ces actes se sont produits au cours de combats en face de l'ennemi. Ils doivent avoir nécessairement quelques fâcheux motif antérieurs du temps de paix, qui ont déterminé chez ces cadres une mentalité antipathique

C'est précisément ce qui va être développé ici. L'animosité n'a pas pris naissance sur le champ de bataille ; elle existait déjà à l'état latent dans la vie ordinaire.

Or, quelle est la véritable autorité des cadres français à la tête des troupes indigènes ?

Ils font appliquer d'abord la loi dans toute la formule des règlements militaires ; puis ils personnifient conjointement à leur fonctions militaires le symbole de la domination dans tous les domaines de la colonisation française. Ces deux pouvoirs distincts par l'origine de leurs attributions n'en forment qu'une seule chez les chefs de l'armée indigène.

Le gradé français se présente à nos yeux sous différents titres : il est chef complet sous les armes ; il est le vainqueur de l'Afrique du Nord, il est le dominateur, il est le civilisateur, il est enfin le *Maître* privilégié qui règne sur tous les musulmans de l'Afrique. Il a, comme on le voit, trop de titres pour une seule fonction.

Est-ce à dire cependant que les cadres français ont toujours abusé de ces titres à notre égard ?

Assurément non.

Les troupiers indigènes — et j'en étais un — ont longtemps accordé le meilleur de leurs sentiments au type de l'officier français. Le nom d'un grand nombre de chefs résonne encore dans les dialogues des vieux serviteurs indigènes qui ont eu affaire avec ces chefs. Le contact entre musulmans et Français avait enfin un autre caractère.

Cela se passait à l'époque où les casernes indigènes n'étaient pas encore contaminées par les citoyens qui trouvent aujourd'hui de larges libéralités sous l'égide de décrets insolites, donc à l'époque où le caractère de l'officier français lui-même n'était pas encore atteint par cette doctrine arabophobe qui s'imprime aujourd'hui dans des feuilles que protègent les élus de l'Algérie européenne.

— Vous êtes payés !... nous dit-on aujourd'hui avec l'accent le plus blessant.

Sans doute, la France paye ceux qui vont volontairement endosser l'uniforme ; ceux qui l'endossent sans y avoir été de bon gré et qui ne sont pas *payés* savent aussi se taire ; le soldat indigène n'est pas tout à fait un mercenaire... Les militaires français, que je sache, ne crachent pas non plus sur la solde qui provient des caisses alimentées en partie par les millions de contribuables musulmans.

Aucun soldat de l'armée indigène n'a encore fait bâtir de belles villas avec les mesquins deniers qui l'obligent à *rouler sa bosse* jusqu'à l'usure de la dernière corde.

Les troupes indigènes, au front de France, pour en revenir au fond de la question, ont été douloureusement malmenées pendant la première année de guerre. Ce qu'il nous faut surtout, c'est que nos notables prennent en main notre défense. Il faut que ce vieux sang arabe remue un peu dans nos veines ; ergoter dans des revendications timides auprès des Français, c'est plutôt nuisible qu'utile

Je m'appliquerai à démontrer ici ces fâcheux précédents qui font qu'au moment où le troupier indigène est exposé à tous les risques pour la cause française, il n'est pas exempt de brimades et de mépris.

On sait ce que représente un corps de cadre français dans une troupe indigène, il faut en connaître maintenant la variété d'origine et de composition. Il faut dire d'abord que quelques éléments cosmopolites dits « Français » glissent par ci par là chez les *Nas*, trop bons à tout supporter. C'est déjà une corruption dans les mœurs et les cosmopolites ont été souvent plus arrogants que les Français *vraiment français*.

Et puis, ce sont toujours les mêmes têtes de chefs que l'on voit. Un grand nombre d'officiers et de sous-officiers y servent pendant toute leur carrièrre : 30 ou 15 ans. Ceux-là ont le privilège du mérite et le commandant voit en eux des serviteurs exemplaires. On entend dire : M. le capitaine un tel ou l'adjudant tel autre, sont très anciens dans les corps indigènes et par cela connaissent à fond la mentalité de l'Arabe. Il y a certainement quelques rares... très rares bonnes âmes ; mais moi, je prétends que le mal qui atteint les troupiers indigènes provient précisément de ces vieux mythes qu'on laisse droguer pendant de longues années chez les militaires indigènes, sans se rendre compte des méfaits qui en résultent de leur part.

En fait de connaissances indigènes qu'ont-ils appris, ces messieurs ?

Pourrait-on établir une proportion quelconque de ces anciens qui, après 15 ou 30 années de service consécutives passées au milieu de troupes indigènes, prennent leur retraite après n'avoir appris que 15 ou 30 mots de langue arabe ? Est-ce avec un vocabulaire composé de 30 mots — un mot par an — qu'ils en arrivent à connaître l'Arabe et sa mentalité ? Profonde erreur. Le cadre français et leurs anciens ne se donnent pas la peine de connaître la mentalité dans son juste milieu, ni d'apprendre le langage des vaincus. Ils nous le disent tout haut ! Et puis, à quoi cela leur servirait-t-il ? nous ont-ils objecté maintes fois. Les *anciens* sont les guides mêmes de la conduite à tenir à l'égard des *Nas*. Ces anciens ont toujours suivi avec succès les *cours pratiques* des administrateurs, des bureaux arabes, des commissaires de police et de la gendarmerie. Les bureaux de l'indigénat ne sont pas bien loin des casernes indigènes. Ce qui se passe là sert d'exemples ailleurs. On s'y écarte systématiquement des prescriptions réglementaires de la discipline militaire qui disent :

« ... Si la discipline doit être ferme, il faut qu'elle soit en même temps paternelle. Tout motif étranger au service, tout geste ou propos outrageants de la part d'un supérieur à l'égard d'un inférieur sont sévèrement interdits. Les membres de la hiérarchie militaire doivent traiter leurs inférieurs avec bonté et être pour eux des guides bienveillants, etc., etc. »

Les cadres trouvent que c'est absurde de vouloir appliquer une pareille tendresse à des gens qui ne la comprennent pas.

Et c'est ainsi qu'il règne en permanence un esprit hostile manifestement entretenu par ces « vieux connaisseurs » qui s'imposent à leurs jeunes camarades par cette ancienneté souvent bourrée de prétentions intruses.

Dès qu'un officier arrive nouvellement dans un corps indigène, la *consigne des anciens* est vite communiquée : « avec les *nas*, il faut avoir une main de fer ! »

J'ai mentionné, entre mille exemples, deux faits authentiques qui se sont produits dans deux détachements différents de tirailleurs algériens.

Dans le premier cas, il s'agit de l'influence qu'exercent les *vieux connaisseurs*, qui sont toujours portés à forcer l'esprit des attributions réglémentaires des gradés européens et, par conséquent, à aggraver intentionnellement les fautes que peuvent commettre les militaires indigènes.

Le second cas rappelle la cassation, par esprit vindicatif, d'un caporal indigène qui s'était permis de s'adresser quelques mois avant sa libération à M. le député Albin Roset, afin d'obtenir un emploi comme gendarme indigène.

Les voici ·

Premier cas. — Un jour, un tirailleur indigène faisant partie d'un détachement stationné devant le petit village de Kh... (département de Constantine), pénétra dans une boutique tenue par un européen un Italien — pour faire quelques achats. A la suite d'un désaccord survenu entre le marchand et le tirailleur, une discussion s'éleva et prit bientôt la tournure d'un pugilat entre les deux hommes. Au cours de la dispute où des coups ont été échangés de part et d'autre, le tirailleur reçut des blessures assez sérieuses à la face, tandis que l'Italien n'eut qu'une égratignure à une oreille.

Le capitaine commandant le détachement — un officier nouvellement venu de France -- informé de cette rixe par la police, ouvrit une enquête.

Après avoir examiné à fond, en présence des perturbateurs et témoins, les motifs du conflit, l'officier conclut — non sans avoir reproché à l'Italien d'avoir maltraité un tirailleur au service de la France — qu'il infligeait une punition de huit jours de prison à ce tirailleur, mais qu'il se voyait, d'autre part, dans l'obligation de consigner au détachement l'établissement de l'Italien — le capitaine était en même temps commandant d'armes --- pendant le même laps de temps.

Jusqu'ici la justice avait eu la conscience nette. La tirailleur a commis une faute et il a été puni. Les militaires indigènes ne demandent pas à être dorlottés ; ils demandent que les règlements militaires leur soient appliqués à la lettre, pas autre chose. L'Italien a vu son magasin consigné aux militaires de la petite garnison pendant huit jours ; c'était encore une mesure excellente, car personne — même l'Italien — n'aurait probablement trouvé à redire si, par une malencontreuse idée, le capitaine n'avait pas cru devoir écrire à un *vieux connaisseur* — un de ceux qui avaient recommandé d'avoir une « main de fer » avec les *nas* — pour lui demander de plus amples renseignements :

Voici la correspondance qui a été échangée entre les deux officiers au sujet de cet incident ·

DIVISION DE CONSTANTINE

7me Régiment de Tirailleurs
Algériens

Détachement de Kh.

No 258

Kh...., le ...... 1914.

Le Capitaine D......., commandant le détachement
du 7ᵉ Tirailleur indigène

à Monsieur le Capitaine B......., à B.......

Fidèle à vos bonnes recommandations, je vous serais bien obligé d'examiner l'incident suivant qui s'est produit au déta chement entre un européen, tenancier d'un magasin à produits divers — un Italien, dit-on — et un de mes tirailleurs.

Il s'agit d'un rixe où des coups ont été échangés entre les deux hommes à la suite d'une contestation de prix. Le tirailleur a reçu des blessures à la face que le médecin a jugée sans gravité; l'Italien n'a eu qu'une légère égratignure à une oreille.

L'enquête à laquelle je me suis livré a établi que les deux perturbateurs se partagent les torts.

J'ai dû, en conséquence, infliger une punition de huit jours de prison au tirailleur et consigner également le magasin de l'Italien pendant huit jours.

Comme c'est la première fois que j'ai à trancher dans de pareilles contestations, je m'en remets de toute camaraderie à votre expérience de vieil africain.

Cordialement

D....

RÉPONSE (papier ordinaire).

Mon cher camarade,

J'ai reçu votre mot et je m'empresse d'y repondre. Dans ce genre d'histoires — disputes entre européens et tirailleurs — il faut y faire bonne attention. Les européens, à quelque origine qu'ils appartiennent, sont des électeurs citoyens français. Comme tels, ils participent au développement de notre œuvre en Algérie et par conséquent bénéficient de l'ascendant que tout Français doit affecter aux yeux des indigènes. A mon avis, le libellé de la punition que vous avez infligée à votre tirailleur doit présenter un caractère exceptionnellement répressif. S'il n'est pas encore trop tard, changez-en les termes et faites en sorte que la punition, une fois soumise au colonel commandant le régiment, puisse avoir une suite d'augmentation. Ce sera un exemple de bon aloi à provoquer au milieu de vos hommes.

Levez également la consigne de l'établissement de l'européen, car, de ce côté, vous pourriez vous attirer une affaire désagréable. Ces gens (les européens) s'adressent directement à leurs élus en haut lieu; pas mal de camarades ont eté mis aux arrêts pour de semblables motifs.

Ayez plutôt recours à la rigueur dans les punitions à infliger à vos hommes; quelques cas de conseils de guerre, quelques envois à la section de discipline et un peloton de «chasse» avec des sacs bien chargés. Ça vous donnera un peu plus de travail sur le papier pour quelques jours, mais vous en aurez la paix ensuite. S'il se trouve des lettrés indigènes dans votre détachement, méfiez-vous en.

Cordialement à vous.

B...

Au reçu de la réponse, le capitaine s'écria : « Sapristi, c'est donc plus grave que je ne le croyais. »

Résultat : Le tirailleur a vu sa punition, en plus des blessures reçues, portée à 60 jours de prison et a été cassé de son grade de soldat de première classe. La *consigne* de l'établissement a été levée avant l'expiration du terme.

Voilà où portent les connaissances des *vieux connaisseurs* qui ont la réputation de tout savoir au milieu des troupes indigènes.

Deuxième cas. — Un caporal indigène du nom de Sidi Nadji, de la 17ᵉ compagnie de l'ancien 3ᵉ tirailleurs, avait entendu parler d'un député de France qui s'occupait des musulmans [algériens : le regretté M. Albin Roset, dont ou connaît tout le dévouement qu'il ne cessa de déployer pour la cause des indigènes de l'Afrique du Nord.

Il se décida donc un jour à écrire à M. Albin Roset une missive où il le pria avec le *Sabir* coutumier des tirailleurs, d'intervenir auprès des autorités militaires du corps du caporal Nadji, afin de faire obtenir à ce dernier la place de gendarme indigène qu'il avait déjà sollicitée.

M. Albin Roset, malgré ses multiples occupations ne jeta pas la lettre de Nadji dans le panier ; il savait que ce serviteur ne demandait autre chose qu'un changement de service, avec cette différence que l'emploi de gendarme auxiliaire indigène comporte une monture — et le caporal Sidi Nadji qui appartenait à une famille religieuse fort respectée des indigènes de la « Khangha de Sidi Naji », était en même temps un excellent cavalier — et quelques petits avantages bien préférables à ceux du grade de caporal que Sidi Nadji portait déjà depuis de nombreuses années.

Et l'ancien député de la Haute Marne ne tarda pas à y faire réponse. Il écrivit une lettre fort gentille au capitaine de la compagnie de Nadji — sous le couvert du chef de corps — avec prière de vouloir bien prendre en considération la demande du caporal qui voulait devenir gendarme.

Le capitaine, lettre en main, fit comparaître le caporal Nadji et lui tint ce langage ·

C'est toi, qui as écris une lettre à M. Albin Roset ?

— Oui....., mon capitaine, balbutia Nadji entre deux émotions.

— Comment as-tu pu connaître le nom de cet oiseau ?

— J'ai entendu parler de lui, mon capitaine.

— Et tu voulais une place de gendarme ?

Oui, mon capitaine.

C'est bon ; tu peux t'en aller. Tu en auras bientôt une réponse.

Le caporal Nadji sortit tout bouleversé ; cette « réponse » ne lui disait rien qui vaille. Il ne savait pas que M. Albin Roset — comme d'ailleurs tous les bons Français qui ont pris à cœur de s'occuper du sort des indigènes — était le cauchemar des colons algériens, de l'administration civile et éventuellement des chefs de l'armée indigène, quand l'intervention du député de la Haute Marne venait tant soit peu heurter ces affaires qui se passent à la muette sous le couvert des *vieux connaisseurs.*

Et le caporal Nadji ne tarda pas à expier par acomptes successifs les torts qu'il avait commis en s'adressant à un député.

« Au pas », lui disaient les gradés français de la compagnie à l'exercice ; quand on sait écrire à « Albo Rosa », il faut mieux savoir tendre les jarrets, lui répète-t-on de tous les côtés !

Deux mois après, la « réponse » était venue, et le caporal Sidi Nadji était tout simplement cassé de son grade avec le motif suivant :

> « Gradé indigène d'une conduite immorale fâcheuse ; inaptitude dans les fonctions de son grade »

Tout autre commentaire paraît inutile.

V.

LES GRADÉS INDIGÈNES DANS L'ARMÉE INDIGÈNE

Tous ceux qui connaissent les troupes indigènes de l'Afrique du Nord ont pu se rendre compte de la misérable situation qui est faite aux gradés musulmans. Cela provient de l'esprit du rôle général que le gouvernement affecte à l'organisation de ces troupes, rôle qui, s'il n'est pas décrit en toutes lettres dans les textes, repose du moins à peu près dans ce programme :

« Mettre sur pied de gros effectifs de soldats indigènes par voie d'engagements volontaires qu'alimenteront, lorsque ces engagements viennent à faire défaut, les ressources de la conscription (les appelés) afin d'avoir sous la main tels contingents que le gouvernement juge à propos d'avoir sous les armes ; porter l'effort du recrutement de préférence sur les hommes de la campagne et les montagnards kabyles, dont le caractère encore rustique se prête mieux aux exigences de la mentalité des cadres français ; entretenir dans ces éléments, à titre de propagande, un petit cadre de gradés indigènes, à nommer de préférence parmi les illétrés, conformément à l'esprit de la colonisation française ; resserrer enfin la subordination générale des gradés et soldats indigènes sous l'autorité directe de cadres français très développés, cadres dont on connaît déjà les formules qu'ils mettent en application pour obtenir une servilité automatique sur tout ce qui s'appelle militaire indigène. »

Autrement dit, il s'agit de toute une armée d'auxiliaires où simples soldats comme gradés de tout rang ont à courber l'échine sous cette double discipline militaire et colonisatrice non seulement des officiers français, mais encore sous celle des autres gradés inférieurs qui entrent à un titre quelconque dans la composition des cadres européens.

Nous savons depuis 85 ans que le Français est le maître dans notre pays ; mais dans une carrière d'armes où tout est bâti sous la structure des grades auxquels les règlements militaires attribuent, à côté des responsabilités, l'initiative et l'autorité nécessaires, les gradés indigènes n'en connaissent que la voie des responsabilités à encourir dans l'exercice de leurs fonctions.

Les rapports des cadres français à l'égard des gradés indigènes sont hautains et par conséquent très maladroits dans une entreprise où tout le monde doit *se sentir les coudes;* les premiers font sentir pratiquement aux musulmans qu'ils sont les seuls maitres pour les conduire dans toutes les circonstances ; les seconds, qui ne demandent pas à être des chefs consacrés pour conduire des unités en tacticiens accomplis, voient quand même leur petit ascendant moral, qui leur eût été si nécessaire, leur faire complètement défaut.

De ce fait, le gradé indigène devient, vis à vis d'un membre quelconque des cadres français, un simple ouvrier de peine ; c'est à cet ouvrier que revient — de par le Code des responsabilités — la corvée la plus difficile dans la préparation des mouvements. Au moment de l'action, le gradé indigène, qui a si bien secondé, reçoit l'ordre de rentrer dans le rang et devient lui-même simple tirailleur au milieu de ceux qu'il venait de préparer avec force explications, et dont un autre — de par le privilège que lui concède la loi de la Domination — est venu prendre le commandement au dernier moment, pour accaparer égoïstement les plus ronflants titres.

Cet affront moral peut passer inaperçu dans un « autre chantier » où les ouvriers indigènes n'ont que le travail matériel à fournir ; dans le métier des armes où le chef — quelle que soit son origine — a à développer à la fois, le travail matériel et le moral chez le soldat, il faut que ce chef se présente, aux yeux de ses inférieurs, avec un certain prestige dans les attributions de ses fonctions.

Or, qu'en pensent les soldats français et indigènes qui assistent à ces scènes où l'autorité des gradés indigènes est systématiquement piétinée par des cadres français ?

Ces gradés ne deviennent-ils pas souvent la risée surtout des soldats français qui les appellent des « porte-galons » ?

Et le musulman qui porte quelque dorure sur les manches navigue ainsi dans une continuelle incohérence. Devant ses coreligionnaires — qui l'ont vu tant de fois baisser honteusement la tête devant une observation d'un de ses « collègues » français — il n'a qu'une mesquine autorité pour les préparer aux exigences du service ; à l'égard des soldats français, il doit bien se garder d'exprimer quelques timides paroles s'il ne veut pas s'attirer une suite fâcheuse.

On a trouvé que cette situation est très pratique pour effacer chez ces gradés indigènes toute imprégnation d'individualisme. La France parait avoir des raisons pour restreindre le nombre, l'élévation et l'autorité des gradés dans l'Islam armé. Lorsqu'un colonel français d'un régiment de tirailleurs s'est adressé il y a quelques années au ministère de la guerre pour demander quelques explications au sujet de l'avancement des officiers indigènes, il lui a été fait cette réponse catégorique : « Les officiers indigènes sont appelés généralement à terminer leur carrière dans le grade de lieutenant. Exceptionnellement, et à titre de services particulièrement signalés, l'officier indigène pourra être promu au grade de capitaine indigène, sous réserve que l'administration de l'unité à laquelle il sera affecté en sera de droit assurée par le lieutenant français en premier qui fait partie de cette unité. »

Drôle de mécanisme ! Le « plus capitaine » des deux n'est pas celui qu'on pense.

On verra peut-être un capitaine indigène avec trois beaux galons aller à l'exercice avec ses *nas* pour l'effet du dehors ; à l'intérieur de la caserne, ce capitaine et sa compagnie devront se soumettre au régime autoritaire du lieutenant-administrateur, qui a seul qualité de représenter la loi dans toutes les circonstances. C'est tout simplement burlesque qui ne se rencontre dans aucune autre armée du monde.

L'armée bronzée et les gradés indigènes sont fixés sur leur rôle. Ils servent tout simplement de manœuvres de peine, au même titre que les ouvriers indigènes qui travaillent dans les chantiers des colons ou dans les usines de France. Les patrons qui surveillent les deux catégories d'ouvriers se retrouvent dans l'une ou l'autre usine ; la différence est que le colon qui arbore un kébi devient plus arrogant parce que armé d'un révolver ou d'un fusil, il entend estampiller son autorité avec des gestes rigoureux pour confirmer cette fois sa supériorité dans toute la métamorphose de son être.

DEUXIÈME PARTIE

<hr>

I.

LES TROUPES INDIGÈNES AU FRONT DE FRANCE
PENDANT LA GUERRE

J'ai tenu à retracer dans la partie qui précède les principaux passages de la vie ordinaire des soldats musulmans dans leurs rapports avec les éléments français qui les dirigent. On a pu voir par conséquent dans ces arguments que dans le service normal même des garnisons d'Algérie, de la Tunisie ou du Maroc, les troupes indigènes n'étaient déjà pas à l'abri d'actes de rudoiement et d'abjection arbitraires. Dans les objections qui vont suivre, relativement aux évenements de la guerre au front de France, on constatera que la mentalité des cadres européens n'aura rien perdu de ses vices si ce n'est qu'à l'occasion d'efforts intenses à produire en face de l'ennemi, elle redouble cette fois de violence à l'égard de ceux qui, contrairement à l'intérêt de l'Islam, sont allés quand même défendre le sol de cette France qui les a rendus pourtant si faibles au milieu des diverses races qui peuplent l'Algérie.

A titre de spécimens du ton et d'encouragements que l'on fait entendre aux tirailleurs à l'occasion de grands *coups de fouet* à donner, je résume ici les termes d'un discours que prononça un colonel de tirailleurs, à l'occasion d'un départ pour la France d'un bataillon de tirailleurs algériens :

Officiers, sous-officiers et tirailleurs.

« Vous allez vous embarquer dans quelques heures a destination du front des Armées de France pour prendre place au milieu des autres défenseurs de la Patrie. La valeur militaire des tirailleurs est légendaire et je n'ai presque pas à faire ici de recommandations pour en rappeler le prestige que vous êtes appelés de nouveau à conquérir dans vos prochains exploits en face de notre héréditaire ennemi. L'énergique impulsion de vos chefs et votre farouche ardeur auront bientôt fait d'enregistrer de nouvelles pages de gloire dans les annales historiques de vos ancêtres. Quand la France aura à récompenser le mérite de ses défenseurs, les tirailleurs ne seront pas oubliés. A votre retour, indépendemment d'une belle médaille qui ornera vos poitrines, souvenir d'actes héroïques accomplis sur le champ de bataille, vous aurez à bénéficier largement des places de *Kaouadjis**) et de *Chaouechs***), ces emplois dont vous êtes si avides d'ordinaire lorsqu'à la suite de fidèles services rendus à la France, vous reprenez la voie de la retraite pour les solliciter dans votre vie civile. Je vous souhaite de tout cœur bonne chance dans les combats où vous allez prendre part ainsi qu'un retour couronné d'éclatants succès. »

Dans les récompenses, le colonel n'a pu entrevoir que la *belle médaille commémorative* ou les emplois de *Kaouadji* et de *Chaouech*. Ce n'est pas bien gras, si vous voulez, mais un chef militaire de troupes indigènes ne peut pas aller plus loin. Les places de balayeurs de bureaux et de gardiens de barrières expriment toute la reconnaissance française à l'égard de l'Islam armé. C'est connu depuis longtemps.

EN ROUTE !

Les combattants musulmans ont été embarqués pour la France sous l'impression de toute la mentalité qui a été déjà décrite. Les cadres français s'étaient enrichis, de plus, de nouveaux gradés, venus pour la plupart des colons et des fonctionnaires coloniaux que les obligations de la mobilisation avaient rappelés au service.

Les compagnies de tirailleurs — pour ne parler que des tirailleurs — furent mises en bonnes mains et chacune d'elles eût comme cadres français de commandement : un capitaine — vieux connaisseur — ou du moins instruit par un camarade ; deux ou trois lieutenants bien initiés aux affaires indigènes ; deux adjudants, un ou deux sergents-majors qui infligent les « mêmes punitions qu'un capitaine » et enfin un

---

*) *Kaouadji* — Garçon de café maure autorisé à ouvrir un petit local pour préparer et vendre du café à la mode indigène.

**) *Chaouech* — Sorte de planton préposé à la garde des bureaux, à leur propreté et aux courses à faire.

certain nombre d'autres sergents, de caporaux et de simples soldats formant ensemble un état-major en règle pour régner en maîtres sur les *Nas*.

Dans le brouhaha des préparatifs, quelques têtes parmi les nouveaux cadres reconnurent et l'on entendit déjà quelques gentils propos : « C'est toi Ahmed ?... Tu te conduis bien depuis ?...» Dans ce langage de caserne, le nouveau venu voulait dire : « C'est encore moi qui reviens ; je te connaissais et tu me connais... ». Ce sont là des avertissements de quelques souvenirs tributaires qui surgiront bientôt là-bas, au front, dans une irritation querelleuse, sous forme de discipline passive.

Dès notre debarquement en France, nous surprimes dans quelques conversations des chuchottements malveillants à l'adresse de ceux de nos coreligionnaires qui nous ont précédés au front. On disait : « les tirailleurs reculent devant l'artillerie lourde allemande ». Ces bruits sourds se mâchaient surtout dans la bouche de toute une agence de réservistes français d'Algérie devenus médecins dans les corps d'Afrique qu'on avait dirigés en France, ou attachés au service des états-majors, personnages fort connus du reste par la situation politique qu'ils occupaient en Algérie. Ceux-là avaient naturellement intérêt à débla térer contre la valeur des troupes indigènes pour *forcer la note* des soldats-électeurs français d'Algérie, et un certain docteur de Constantine se distinguait particulièrement dans l'envoi de multiples télégrammes pour apprendre aux électeurs que les zouaves se battaient comme des lions.

Nous connaissons les zouaves pour avoir combattu côte à côte avec eux, et nous ne contestons nullement leur mérite au feu, si ce n'est qu'ils ont accepté l'odieuse besogne de nous surveiller. Nous reconnaissons aussi que, dans une guerre en Europe, l'Européen possède un patrimoine d'entraînement avantageux sur le soldat indigène qui n'est point dans sa nature. C'est à cet avantage que des gens de mauvaise foi ont attribué une supériorité morale manifeste des zouaves sur les tirailleurs. Et le bruit de la reculade des tirailleurs devant la grosse artillerie ennemie se transportait d'une tranchée à l'autre, de bouche en bouche. Nos chefs — déjà si peu commodes   eurent à subir encore l'influence de quelques *gros bonnets* de la réserve, en cours de route en France, et se trouvèrent animés d'une irascibilité intense contre les combattants musulmans. Ils perdirent totalement le fil de leur expérience. Ils ne se rendirent pas compte qu'ils allaient conduire leurs hommes dans un pays qui n'est pas l'Afrique et devant un ennemi dont les indigènes n'avaient jamais eu l'occasion depuis 1870 de connaître la moindre des couleurs.

Ils ne cherchèrent pas à comprendre enfin que chez des jeunes *boudjadis*, qu'on a amenés brusquement du soleil brûlant du Sud ou de la hamada du Tell, il peut se produire quelques mouvements de surprise lorsqu'ils débarquent dans un pays froid et harcelé de multiples phénomènes auxquels ils ne sont pas habitués.

Non, personne n'a cherché à défendre les indigènes contre les calomnies qu'on avait mises à dessein en circulation.

Et maintenant c'est le dénouement des actes qui vont avoir lieu sur la ligne de feu, sous le commandement de nos chefs, dans une bousculade brutale et dans des scènes d'injures où des coups de matraque et de revolver ont trouvé une application trop facile sur ceux qu'on a opposés dans une large part à l'envahissement des Allemands à l'Est et au Nord de la France.

II.

SUR LA LIGNE DE FEU

Il ne faut pas croire que le loyalisme et l'entrain dont les musulmans ont fait la preuve dans le service obligatoire ont apporté une note meilleure dans les relations franco-indigènes sur le champ de bataille. Les cadres — généralement attirés dans les troupes indigènes par l'appât de galons et autres accessoires à soutirer sur le dos de mercenaires — ne voudraient pas voir en elles un indice de redressement moral que leur donnerait le payement de l'impôt de sang. Ces chefs se sont toujours opposés au service obligatoire des indigènes, et ceux des musulmans que le gouvernement a dû appeler à la caserne au titre de la conscription, ne se distinguent en rien — on le sait déjà au milieu des autres volontaires par le fait que ce gouvernement, à la suite de je ne sais quelle falsification qu'il a ajoutée aux statuts de la conscription, donne, comme on le sait également, une prime en argent aux *appelés,* afin d'étendre le servilisme dans tous les rangs indigènes. Les appelés ont souvent protesté contre les primes qu'on veut leur donner, mais il n'y a rien à faire : il faut être de la couleur de tous les *nas !* C'est une grande satisfaction pour nos chefs : pas d'étiquette patriotique — on vous traite de traître à sa patrie adoptive ! — et on fera des bronzés ce qu'on voudra. Sur la ligne de feu, les troupes indigènes héritent de charges et d'emplacements au bon gré des dirigeants, et cela sans égards pour les règlements militaires qui prescrivent cependant avec sagesse les devoirs de tous.

J'ai, à ce propos, une petite réponse à faire aux auteurs de la Vérité » qui, à la page 30 de leur réplique, m'ont reproché fastueusement un certain passage dans ma première brochure :

« Si l'auteur — ont-ils écrit — avait pris la précaution de relire ce qu'il a écrit au chapitre III, il aurait constaté qu'il est maintenant en contradiction avec lui-même.

« Il reprochait au commandement français de n'accorder aucune confiance aux troupes indigènes de l'Afrique du Nord, et maintenant il dit que ce même commandement les place toujours en première ligne, soit en rase campagne, soit dans les tranchées.

« Peut-on admettre qu'une troupe dans laquelle on n'a qu'une confiance limitée soit employée comme troupe de choc ? »

Réponse : Si le tacticien *Tordjman* de la « Réplique » avait essayé une fois d'aller visiter — en compagnie de Mokrani et Katrandji — une première ligne dans un secteur, ils auraient pu apprendre ceci, pour l'expliquer à ses compagnons Imams de nouvelle création : c'est que cette ligne, dans un service de station ou dans une perspective de choc, ne constitue nullement un *poste de confiance,* mais seulement un élément de *premier contact avec l'ennemi.* En outre, ils auraient constaté que cet élément est appuyé à l'arrière par d'autres fractions qui guettent avec leur matériel, et généralement au repos, dans les *abris* qui offrent un certain *confort que n'ont pas les occupants de la première ligne.* Par contre, on prolonge le séjour de ceux-ci au delà de toute raison, parce qu'en fait *d'abris,* ils n'ont que des trous malsains et qu'en fait de vêtements, ils n'ont — pour la plupart — que des effets de toile, car les effets de drap ayant été jugés une charge lourde et gênante, il a été ordonné, pendant de longs mois, de l'abandonner ou de la verser, afin de donner aux tirailleurs une liberté plus souple dans les mouvements, sans se préoccuper des intempéries. Avez-vous compris cette fois, M. l'Interprète?... Au surplus, je dois faire remarquer que dans une troupe dont on n'a *qu'une confiance limitée,* la première ligne constitue dans ce cas un excellent motif pour l'offrir à cette troupe*), celle-ci, en effet, s'y trouvera coincée entre deux feux : en avant, c'est l'ennemi dont elle ne connaît ni la langue ni les couleurs ; en arrière, ce sont les *guetteurs* et leur matériel.

Les emplacements de combats en première ligne auxquels je viens de faire allusion dans la réponse ci-dessus, sont ceux-là mêmes qui sont d'un usage fréquent sinon permanent pour les combattants musulmans.

J'ai eu déjà l'occasion de dire que mes coreligionnaires ne se plaignent nullement du danger ou du fait de se retrouver plus souvent qu'à leur tour sur la ligne de premier contact avec l'ennemi. Ce serait une humiliation pour un musulman que de vouloir contenir sa passion guerrière dans des parages éloignés du danger.

Nous nous plaignons de cette guerre qui nous est faite en sourdine dans nos relations avec nos chefs.

———————————

*) C'est le cas qui intéresse les tirailleurs algériens.

Nos cadres ne s'occupent que d'une chose : Avoir sous la main des gens prêts à tous les événements du combat sans se préoccuper — ou du moins sans le faire consciencieusement, du moment que ces cadres ont une alimentation spéciale, — des emplacements spéciaux et d'autres moyens pour se soigner largement et à leur guise.

Les premiers mois de la campagne ont passé à la belle étoile, dans de la boue et sous la gelée, à l'Est de la France. Les cadres européens n'étaient pas exposés à ces intempéries qu'au moment des attaques ou lorsqu'ils passaient leur « inspections » dans les tranchées. Après la découverte des retranchements allemands, on est arrivé cependant à remuer un peu plus proprement le sol ; on a confectionné des abris et des « boyaux » sur le modèle allemand, mais bien difformes, les indigènes ont le malheur de n'avoir pas dans leurs rangs quelques maçons ou menuisiers de profession qui eussent pu faire preuve des connaissances que l'on enseigne dans de nombreuses écoles d'arts et métiers en Algérie.

Les hommes du génie ne viennent pas les aider et vont de préférence dans les troupes françaises qui, elles, savent déjà suffire largement à leurs besoins de retranchements. Et quand ont fait observer que les emplacements indigènes sont tous dans de mauvaises conditions, on vous répond : « Ah ! ils sont mieux que dans leurs gourbis ».

La préparation des aliments se fait dans le gâchis le plus complet, parce que pour cette préparation on désigne des tirailleurs malingres et maladroits, ne sachant pas, par conséquent, tirer des provisions assez abondantes un rendement qui puisse contenter des hommes quant à la quantité et à la qualité culinaire.

Je ne viendrai pas ici une deuxième fois sur les nombreux détails que j'ai déjà signalés dans le premier fascicule. parce qu'il me faudrait tout un volume pour décrire la mauvaise organisation de l'entretien du soldat musulman ; ces détails, bien qu'incomplets, ont révélé du moins un état de choses incroyable dans les différentes branches du service.

Il est un sujet cependant sur lequel je voudrais attirer partienlièrement l'attention : c'est celui de la question religieuse des combattants musulmans au feu.

J'avais écrit, en effet, dans la précédente brochure que le culte musulman, contrairement aux mesures prises par les autorités à l'égard des autres cultes en campagne, n'avait été doté d'aucun représentant semblable à ceux qui existent dans nos établissements religieux d'Algérie pour assister les mahométans dans certaines circonstances au combat.

Les auteurs de la « Réplique » ont écrit à ce sujet la réponse que voici :

« Pour la première question, celle relative aux prêtres,
nous en arrivons à nous demander si celui qui se nomme El
Hadj Abdallah est bien un musulman. Nous en doutons, car
s'il était un véritable disciple du prophète Mahomet, il saurait
que le culte musulman ne comporte pas de prêtre. Le musulman peut, partout où il se trouve, satisfaire seul à la plénitude de ses devoirs envers la divinité ».

On remarquera que je n'avais nullement parlé de pourvoir notre
culte de prêtres en toque, mais seulement d'Imams, de Muphtis ou de
quelques Thalebs pour la psalmodie des préceptes au chevet de quelques-uns de nos coreligionnaires que la mort a fauchés ou qui sont sur
le point de rendre le dernier soupir. C'eût été une précaution d'un grand
intérêt aussi bien pour la satisfaction que pour la stimulation des combattants que les événements ont entraînés hors de leur pays natal.
Et au lieu de reconnaître le bien-fondé de ces observations ; au lieu de
dire que ce service si important pour un peuple religieux n'a pas été
prévu ; au lieu de reconnaître enfin franchement les «gaffes» commises,
les auteurs de la « Réplique » ont préféré encore une fois masquer les
vices en parlant insidieusement de *prêtres* que personne n'a réclamés.
Il ont eu même le toupet d'ajouter ce passage théologique insipide
« Le musulman, peut, partout il se trouve, satisfaire seul à la plénitude
de ses devoirs envers la divinité»

Dans une autre fuite trop subtile, les auteurs de la « Réplique »
ont terminé leur paragraphe en ces termes : « Cependant le gouverne
ment, soucieux de donner aux soldats musulmans une preuve de la
sollicitude dont il les entoure, a mis auprès d'eux, partout où le besoin
s'en faisait sentir, des Imams qui sont chargés de présider les prières
en commun, conseiller les soldats indigènes sur la façon dont ils doivent
pratiquer leur religion, les réconforter, et veiller à ce que les inhumations
soient « faites conformément aux rites. »

Cette fois ce sont des détours qui trahissent chez les auteurs de
la « Réplique » la connaissance de ce que j'avais écrit au sujet de notre
culte, et si les soins religieux dont ils parlent existent réellement
aujourd'hui, ils n'auront été réalisés que d'après les arguments que
j'avais fait valoir dans la première brochure.

Or, à quelle époque le « gouvernement soucieux de donner aux
soldats musulmans une preuve de la sollicitude dont il les entoure »
a-t-il donc pris l'initiative de « mettre auprès d'eux des Imams pour
présider des prières, pour les conseiller et pour veiller à ce que les
inhumations soient faites conformément aux rites ? »

Est-ce avant la construction de la mosquée de Berlin ou après la
publication de ma brochure ?

Ce qui est certain c'est que pendant la première année de la guerre, nous n'avons vu à aucun moment l'ombre d'un *marabout* sur toute l'étendue du front de France. Nous nous occupions nous-mêmes, tant bien que mal, à couvrir de terre ceux de nos coreligionnaires qui, partout où ils sont tombés, ont satisfait seuls à la plénitude de leurs devoirs envers la Divinité, sauf à ceux de creuser *seuls* des trous pour s'y mettre, *seuls* aussi dedans.

Oui, nous voudrions savoir à quel moment des Imams ont été appelés au front, puisque dans notre secteur qui comportait de forts contingents algériens, je servais moi-même d'Imam malgré les doutes qu'affectait l'insolent Tordjman sur ma qualité de musulman, et je présidais aux enterrements de nombreux tirailleurs ?

Les auteurs de la « Réplique » voudraient-ils des preuves ?

Qu'ils aillent donc compter le nombre des sépultures que nous avons aménagées entre musulmans, dans nos moments de répit, pour ceux de nos coreligionnaires qui *devaient, partout où ils tombaient, satisfaire seuls à cette plénitude* quand la mitraille les fauchait dans les parages de Saint-Léger, de Compiègne, de Tracy-le-Val, de Bailly, de Saint-Marc et d'autres lieux que le Tordjman et ses collaborateurs ont oublié de visiter *).

Partial interprète d'une cause ingrate ! Et les deux auteurs Imans de la « Réplique », qui ont tant chanté les louanges de la France, ont oublié qu'ils doivent à ma brochure sur *L'Islam dans l'armée française* la position qu'ils occupent aujourd'hui !

---

*) Je tiens ici, au nom des tirailleurs tombés, à rendre un juste tribut de reconnaissance au Docteur Pauliac, du 7ᵉ régiment de tirailleurs — affecté à ce corps comme docteur venu directement des éléments de France — qui, réfutant courageusement la mentalité de nos cadres habituels, a déployé un dévouement qui gagna profondément nos cœurs Le Docteur Pauliac, indépendamment de ses soins consciencieux, est le premier officier français qui prit l'initiative dans le secteur 132 de réserver des carrés pour l'inhumation des indigènes, de la confection des fosses, du lavage et de l'enveloppement rituels des corps, ainsi que des inscriptions à graver sur les sépultures.

III.

IMPRESSIONS SUR NOTRE CONTACT AVEC LA
POPULATION CIVILE DANS LE VOISINAGE DU FRONT

Après de longs séjours et de sanglants combats sur la ligne du feu, le commandement se décida à. nous ramener à l'arrière pour un moment de répit. Là, les éléments indigènes qui venaient d'accomplir de durs devoirs en laissant, comme les autres troupes, bon nombre des leurs sur le terrain, héritèrent encore, comme cantonnements de repos, de vieilles masures, de hangars ouverts à tous les vents, d'écuries ou de caves malsaines pour laisser la bonne place aux autres « frères d'armes ». Ce n'était point de la faute de la population. civile, c'était l'ordre donné par le commandement. C'était ainsi que nous prenions nos moments de repos au contact de la population de France qui avoisine le front.

Tous les Français ne se ressemblent pas, disait La Palice, et s'il y avait un choix à faire entre les Français de France et ceux d'Algérie, notre préférence irait volontiers aux premiers, parce que auprès de ceux-là, les musulmans trouvent généralement un accueil moins gonflé de l'orgueil que les seconds affectent devant nous dans tous leurs gestes.

Malheureusement, tant que notre vie s'écoulera au milieu de nos chefs, la guigne nous poursuivra partout. Pendant nos séjours au milieu de la population civile de France, nos cadres ont eu encore à faire des moulinets avec leur matraque et à vider sur les tirailleurs le vocabulaire des invectives.

Les vins de France ont parfois excité le cerveau des habitants, et nos chefs ont tenu à montrer aux *payses* avec quelle vigueur ils entendent conduire les « africains ».

Quelques civils ont blâmé ouvertement, il est vrai, la conduite de quelques adjudants et sergents-majors surtout à l'égard de leurs hommes ; mais les *connaisseurs* ont toujours la langue habile à effacer chez leurs concitoyens les signes de la sensibilité. Ils ont expliqué aux civils que l'Arabe est dur à conduire ; qu'il est plein de vices et que les paysans français eux-mêmes devaient se tenir sur leur garde contre les incursions des soldats indigènes. La plupart des cadres ont recommandé enfin à ces paysans d'exercer une surveillance sur les poulaillers, sur les greniers, sur les arbres fruitiers et d'éviter le contact des soldats indigènes dans les familles.

Je ne dis pas que les tirailleurs ne soient pas friands des belles poires de France, mais les infractions qu'ils ont pu commettre leur ont coûté fort cher : il suffira de dresser la liste des victimes qui ont été assassinées à coups de révolver pour avoir pris tel ou tel fruit. Inutile de dire que, parmi nos cadres, il est quelques spécialistes qui ont toujours trouvé auprès des musulmans algériens le meilleur accueil et dégusté les plats du *Couscous* et du *Méchoui*, que l'on ne peut pas comparer avec les pommes ou les haricots de France. La vérité est du moins faite : des combattants indigènes ont été tués à coups de révolver, en France, pour avoir mangé des pommes dans les jardins ; c'est à retenir.

Le premier bon accueil que nous avions donc trouvé chez les civils de notre voisinage s'étaient transformé presque en scènes rébarbatives. La théorie des *vieux connaisseurs* a cours partout et le Français de France a grandement tort de se laisser persuader par cette néfaste rhétorique.

Cela ne nous a pas empêchés néanmoins de nous entretenir avec des gens de toute classe, qui nous ont dit des choses qu'ils ne pouvaient pas peut-être dire à leurs concitoyens.

Doit-on d'abord croire que la majeure partie des Francais — de ceux qu'il nous a été donné d'approcher   aient vraiment de la haine contre les Allemands ?

Erreur profonde.

Il s'est passé d'ailleurs entre Français des scènes qui ne sont pas aujourd'hui un secret pour les milliers de combattants francais et indigènes qui se trouvaient au front de la forêt de Laigle.

Je m'étais un moment abstenu de tout commentaire qui sortirait du cadre de « l'Islam dans l'armée française ». Mais en présence des insultes que les auteurs de la « Réplique » ont cru devoir m'adresser, je me vois obligé de mettre surtout sous les yeux du Tordjman comme je lui avais promis d'ailleurs — certains événements qui lui donneront une idée exacte de l'attitude qu'a prise la population de plusieurs communes de France, au moment même où les forces allemandes envahissaient le Département de l'Oise.

Lors de notre séjour au front de la forêt de Laigle, il nous a été donné en effet d'assister à des scènes fort embrouillées entre Francais. Les habitants des villages de Saint-Léger, de Bailly, de Saint-Marc et les autres paysans qui étaient éparpillés dans cette région toute proche de la ligne de feu, manifestèrent à différentes reprises un mécontentement trop visible à l'égard des troupes françaises. Ces habitants ne voulaient pas accéder à certaines réquisitions des autorités et quelques-uns sont allés même jusqu'à interdire aux militaires les puits privés. Une femme a dit un jour à un brigadier d'artillerie qui conduisait des chevaux à un abreuvoir privé : « Nous préférons être sous la domination allemande que d'être sous les mains de gros libertins. »

Des rebuffades de ce genre se firent entendre un peu partout, et des indices d'intelligence avec l'ennemi de la part des habitants ne tardèrent pas à se montrer. L'artillerie ennemie frappait nos rassemblements avec une précision étonnante ; des obus entraient par la fenêtre dans le poste de commandement de Saint-Léger. Il faut ajouter à cela que la plupart des demeures civiles qui se trouvaient pourtant à bonne portée des canons allemands, étaient épargnées. Il n'y avait pas de doute : plusieurs milliers de Français « préféraient être sous la domination allemande plutôt que de subir les vexations de gros libertins ». Les autorités militaires firent surveiller les habitants, et un jour, un tirailleur posté en sentinelle à proximité de la rivière de l'Oise, à un point qui marquait la ligne de démarcation du front, arrêta six civils français montés dans une barque au moment où ils cherchaient à regagner le territoire français par le fleuve, à la faveur de la nuit. Ces civils étaient du village de Saint-Léger, c'est-à-dire d'un village qui n'était pas envahi et ils expliquèrent aux autorités françaises qu'ils étaient allés au front adverse pour y vendre du lait aux Allemands. Les suites de l'enquête découvrirent cependant d'autres compromissions auxquelles les premiers citoyens de la région eux-mêmes n'étaient pas étrangers. Les « marchands de lait » furent fusillés au village même de Saint-Léger. La population entière de ce village et des bourgs voisins fut chassée ensuite, séance tenante, sans qu'on lui donnât le temps de prendre seulement quelques menus objets de voyage.

Les Zouaves purent se livrer, à la suite de ce scandale, à un saccagement en règle dans les demeures de ceux qui préféraient être sous la domination allemande. A leur exemple, les tirailleurs ne restèrent pas inactifs, et bientôt meubles, literie, linges, articles de toilette, ustensiles de cuisine, instruments de musique, etc., etc., vinrent apporter un certain confort dans les tranchées et changer un peu avec le régime de la boue.

Le commandement, à tort ou à raison, laissa faire et ce n'est que sur l'intervention d'un député de la région qui protesta contre cette « razzia », qu'on reprocha aux tirailleurs d'avoir à eux seuls opéré au pillage de Saint-Léger, de Bailly et d'autres centres dont on avait éloigné furtivement les habitants.

Le traducteur de la « Réplique » sera bien embarrassé cette fois, je pense, de me lancer son fameux cri de « mensonges grossiers ». Les faits que je cite sont connus de toute une armée et de toute la population des communes voisines des germanophiles.

A ce traducteur qui me traite de traître à la «patrie d'adoption», je réponds que je ne suis pas un traître, mais que je suis révolté contre la tyrannie et l'injustice qui pèsent sur toute une armée indigène sans défenseurs, dans un pays qui se nourrit de libertés abusives.

Si javais, en effet, l'intention de commettre un acte de trahison contre la France, je m'y serais pris autrement. J'aurais pu — étant donné l'ascendant que j'exerçais sur les tirailleurs, comme mes chefs ne l'ignorent pas d'ailleurs -- soulever, sur la ligne de feu même, une section, une compagnie, tout un bataillon si j'avais voulu, pour y massacrer d'abord tous les cadres français et pour y causer ensuite un grand désordre au grand profit de l'ennemi. Et qui sait si les soldats indigènes qui sont exaspérés par des actes étouffés n'auraient pas provoqué un mouvement sanglant sur toute la ligne ?

Or, je n'ai frappé personne dans le dos et j'ai évité de commetre ce scandale parce qu'il fallait précisément un victime pour soutenir une cause avec des arguments et des preuves. Je sais qu'à l'égard de mes devoirs militaires, mon acte demeure une faute ; mais les devoirs d'un soldat qui s'accomplissent dans la bassesse et sous un contrôle outrageant ne sont plus des devoirs : ils deviennent une charge d'indignité, même pour un musulman qui sert sous le joug de la domination.

Je considère accomplir un devoir nécessaire ici pour faire valoir des arguments directs en me plaçant sur un terrain propice à la cause de mes coreligionnaires.

Le Tordjman et ses acolytes ont maintenant une idée des sentiments germanophiles qu'ont manifestés plusieurs milliers de Français de France au moment même ou leur sol était envahi.

Les impressions que nous avons recueillies au milieu de ces Français nous ont également appris que les habitants de France sont loin d'avoir le caractère de nos dominateurs de l'Afrique du Nord qui enseignent la haine de certains peuples grâce à leur imposture pour régner plus facilement sur le dos des musulmans

C'est maintenant le moment d'entamer d'autres sujets à éclaircir plus loin et de répondre aux arguments que les auteurs de la « Réplique » ont cru devoir ajouter à leurs réfutations avec un certain dogmatisme, arguments qu'ils ont embellis d'annotations aussi allégoriques que factices.

IV.

AUTOUR DES ÉVÉNEMENTS DE LA GUERRE

L'Islam de l'Afrique du Nord
Les combattants indigènes et les influences extérieures

Parmi les ennemis de la France dite « puissance musulmane », la Turquie et l'Allemagne se présentent sur le terrain avec un appoint d'influence sur le caractère des musulmans de l'Afrique du Nord.

Par des origines de nationalité, par sa liaison religieuse avec les Arabes, par la place qu'elle occupe dans la voie du progrès, la Turquie exerce — quoi qu'on en dise — un véritable ascendant moral sur ses coreligionnaires africains.

L'Allemagne — alliée à une puissance mulsumane ennemie de la France — n'est pas moins intéressée dans les questions islamiques en Afrique, où elle a notamment des intérêts à revendiquer au Maroc.

Ces deux puissances n'entrent donc pas dans le cadre de la politique indigène par une propagande illusoire, elles y entrent avec des prétentions absolument positives.

Les événements de la guerre ont créé, de plus, de nouvelles questions dans le monde musulman et ces questions ne semblent pas trouver de sitôt une solution à la satisfaction de la France. Elles se représenteront peut-être sur le tapis après cette guerre et les musulmans, remis à ce moment dans le cours habituel du régime administratif et, par conséquent, moins pervertis par les flatteries faites autour du « loyalisme » se remettront d'eux-mêmes à peser les choses avec une réflexion qui s'étendra davantage sur les intérêts qu'ils peuvent tirer de l'entrée en scène de l'Allemagne et de la Turquie.

Il s'ensuit que la France, dans la politique musulmane qu'elle a faite au gré de sa fantaisie pendant près d'un siècle, se trouve désormais serrée entre deux puissants facteurs — l'action germano-turque — ayant en mains les meilleurs enjeux pour gagner les sentiments musulmans.

Dès maintenant, on peut analyser ici la valeur des rapports qui existent déjà entre les Arabes de l'Afrique du Nord et l'Alliance germano-turque.

A première vue, la Turquie, pays d'Islam en liaison religieuse fortifiée par des liens de sang avec les Arabes, se présente en premier ieu à l'appréciation des relations réciproques.

NOS RAPPORTS AVEC LA TURQUIE

L'Afrique du Nord musulmane, plus que toute autre contrée musulmane sous la domination d'Européens, a en effet de sérieuses attaches avec les Turcs. Les souches qui ont été contractées au cours des siècles par des unions entre des éléments arabo-turcs, ont laissé de nombreuses familles de *Kourghlis*, qui vivent aujourd'hui disséminés dans différents centres de l'Algérie. Le *Kourghli* a dans son sang cette double et magnifique fusion arabo-turque et forme une solide attache dans nos relations avec ceux qui ont défendu admirablement les Dardanelles. Mais ça ne veut pas dire que là où il n'y a pas de *Kourghlis*, les Arabes n'aient pas d'autres attaches avec les Turcs : les uns et les autres sont avant tout des musulmans, et celui que le cours des siècles a consacré du titre sublime de Calife est à Stamboul.

Constantinople demeurera la capitale intangible de notre fierté musulmane. Les Allemands ont combattu magnifiquement côte à côte avec leurs braves alliés de l'Orient pour défendre le lieu où reposent les *Reliques* contre les menaces de ceux qui ont fui à *l'anglaise* les Dardanelle, après avoir subi un échec sanglant et sans précédent !

Les Ottomans sont à nos yeux un élément d'avant-garde dans la voie du progrès ; ils représentent la première ligne de la civilisation dans l'immense domaine de l'Islam. Nous pouvons compter sur leur protection et nous leur devons, à notre tour, une soumission et une obéissance fraternelles parce qu'étant nos coreligionnaires, ils nous attireront loyalement dans la voie où se dessine la structure de l'union islamique.

En Algérie, en Tunisie et au Maroc, l'image turque embellit nos intérieurs et nos meilleurs établissements de réunion. Il suffit de jeter un coup d'œil au milieu de nous pour constater avec quel respect est entourée — à l'exclusion de toute autre figure française — la figure de celui que le mal élevé *Tordjman* a osé traiter *d'esclave, de prisonnier.*

D'ailleurs nous savons depuis longtemps que la France entretient une conspiration acharnée pour effacer à nos yeux le prestige turc.

Elle voulait abattre l'Empire Ottoman qui la gène dans les questions islamiques et qui est un exemple « fâcheux » pour nous qui sommes sous le joug. Les théories de ceux qui travaillent à la désunion entre Turcs et Arabes ne nous détourneront pas de nos sentiments à l'égard de nos frères de l'Orient, au contraire. Le jour où l'amour-propre des Arabes arrivera à un certain degré d'exaspération, on verra où la tempête ira frapper. Nous souffrons, nous autres Algériens, de ne pas pouvoir seulement répondre aux attaques de ceux qui mènent cette violente campagne où ils nous représentent tantôt une Turquie à l'agonie, tantôt la fin d'un empire *gênant,* alors que les Turcs, eux, se paient le luxe de détruire à coups de canon les meilleures unités de nos dominateurs ! La répercussion de revers vient toujours dans notre pays frapper les faibles, ceux qui ont le tort d'avoir une parenté et une liaison religieuse avec les alliés de l'Allemagne.

La France ne laisse passer d'ailleurs aucune occasion pour calomnier, par des procédés indignes, la plus haute signification de l'Islam. Pendant la dernière guerre des Balkans, la presse d'Algérie — et notamment un certain organe de Constantine que dirigeait un intrépide artilleur — nous servait quotidiennement d'extravagants articles imprimés en gros caractères pour nous annoncer par acomptes successifs l'effondrement de l'Empire Ottoman et, à sa suite, celui de tout le prestige du monde musulman

Dans la rue, au café, partout on nous répétait que des canons et mitrailleuses de provenance française, faisaient dans les rangs serbes d'excellents essais contre les Turcs, et que les maisons les plus respectables de Stamboul allaient devenir des comptoirs de débauche.

Nous baissions honteusement la tête. Le ton des journaux français et les commentaires publics nous brisaient le cœur dans nos sentiments de musulmans.

Une femme arabe de Constantine — dont mon respect taira le nom ici — et qui sait le français, dut, à la suite de cette violente campagne, sortir de son *harem* pour interpeller certains musulmans dans la rue et leur crier comme une folle que le sang arabe avait cessé de circuler dans nos veines depuis que nous supportions de pareils outrages.

Par quoi un simple sujet musulman algérien aurait-il pu riposter aux attaques de certains spécialistes qui nous mêlaient intentionnellement dans la bave de leur infecte besogne ?

Croiser le fer ou pointer un revolver en face d'eux ?

« On ne se bat pas avec un indigène », disent-ils. Lorsqu'un musulman de Bougie — un ancien sous-officier de tirailleurs — crut devoir user de sa qualité de *naturalisé français* pour appliquer, un certain jour, en public, ûne magistrale gifle à un insolent journaliste de Tunis, dans l'espoir, bien entendu, d'obtenir une réparation par les armes, la presse de l'Afrique du Nord vint accabler d'injures notre coreligionnaire et prendre fait et cause pour le *roumi* giflé.

Celui-ci ne crut pas devoir réparer l'affront comme il sied entre deux *citoyens français :* il préféra aller pleurer devant un tribunal qui. après avoir ergoté autour de l'affaire avec force « considérants », reconnut notre coreligionnaire *coupable* de voies de fait sur la personne d'un dominateur, et le condamna sans autre forme à un mois de prison et cent francs d'amende !

Que l'on juge maintenant de la considération dont jouissent ceux des musulmans algériens qui se hasardent dans la voie de la naturalisation française.

On ne se bat avec un indigène, même naturalisé français ; on l'insulte, et s'il riposte, on l'emprisonne.

L'entrée en guerre de la Turquie vint surprendre les combattants musulmans dans le plein des événements au front de France.

Cet événement, qui est survenu un peu tardivement, ne manqua pas cependant de contrarier le premier élan chez les soldats indigènes. dont quelques éléments continuèrent à combattre à contre-cœur dans les rangs français.

Le Calife étant en guerre contre telle puissance, les adeptes mahométans prennent par suite fait et cause et le *Djihad* se déclare de lui-même chez tout bon musulman ; mais il ne peut avoir un effet actif qu'au moment où ce musulman est excité par la poudre et par la manifestation de signes religieux dans un combat.

On ne pouvait donc pas s'attendre à une volte-face chez les soldats indigènes au front de France ; parce que, se trouvant échoués dans un pays lointain et en face d'un ennemi européen. ils n'avaient pas devant eux les scènes caractéristiques où la présence des étendards aux couleurs variées des zaouïas et les pressants appels des *moudjahdines* les excitant au milieu du crépitement de la fusillade. réveillant leur fanatisme et rappelant aux musulmans les vrais ennemis du Calife. ceux que doivent frapper les balles.

L'intonation du *baroud*, aidée par une chaude manifestation religieuse est un stimulant admirable dans les exploits du Djihad.

La plupart des soulèvements indigènes d'Algérie n'ont éclaté qu'a la suite de simples coups de feux tirés au moment voulu et suivis de pressants appels : *El Djihad fi sabil Allah !*

On connaît l'historique des insurrections de la Grande Kabylie, du djebel Aurès, du Hodna, des Mokrani, des Boumezrag, de Toug gourth, etc.

La dernière insurrection indigène en Algérie ne date que d'une dizaine d'années ; ce fut un simple musulman du nom de Jacoub qui donna l'alarme au village Margueritte et, au bout de quelques heures, des milliers de musulmans vinrent le rejoindre pour massacrer des clans qui administraient abusivement la région insurgée.

Celle toute récente des Tunisiens de Tala, est un signe qui prouve qu'au nord de l'Afrique, le régime administratif des protectorats et celui des possessions conquises marchent de pair dans la voie des intrigues.

Au Maroc, enfin, les choses ne vont pas autrement et les nombreuses *néfras* qui assaillent en ce moment même les postes français de tous les côtés, expliquent que le Djihad est d'une application perpétuelle dans notre pays. Or, au front de France l'action turque n'exerce pas un contact direct, et les Allemands — pas plus que les Turcs, d'ailleurs — ne veulent avoir recours aux procédés dont il est parlé plus haut, qui peuvent déterminer activement la guerre sainte dans les rangs indigènes de ce front, pour laisser leurs propres forces faire face aux événements.

Malgré le loyalisme des combattants indigènes, les autorités françaises n'ont pas manqué cependant de prendre de multiples précautions au front de France, ou du moins si le gouvernement a donné quelques instructions à la suite de la rupture des relations franco-turques, nos cadres ont interprété la consigne sur un autre ton.

Les lignes indigènes ont été fortement parsemées de Zouaves qui vinrent faire table à part avec nos cadres dans les emplois récréatifs, pour laisser la peine à « ces gens qui ont la peau dure ». Chaque commandant de compagnie de tirailleurs s'était entouré d'un petit état-major composé d'agents, anciens professionnels de la sûreté en Algérie, pour l'informer — nos cadres ne parlant pas arabe — sur ce qui se dit entre musulmans. On évitait de parler de détails « sérieux » en présence des officiers et autres gradés indigènes, et encore moins de les consulter sur les choses d'un caractère arabe. Nos cadres savent tout et n'admettent pas des observations indigènes, même quand elles sont utiles. On insultait cependant à haute voix et en notre présence ces « maudits Turcs » qui nous auraient fait tant de mal sous leur domination ! Un ordre du jour, émanant d'un général de la 38º division, se terminait par ces insultes : « Maudits soient les Turcs ».

Un certain Tordjman — qui ressemble bien à celui qui a traduit la « Réplique » ou qui l'a rédigée — interpellait des soldats musulmans à tous les passages pour leur demander ce qu'ils pensaient des Turcs.

Pourquoi ces précautions, pourquoi ces insultes, enfin, du moment que l'on prétend que les musulmans algériens n'ont aucun rapport avec la Turquie ?

La France voulait-elle voir toujours une Turquie sans amis, sans alliés ? C'est trop égoïste de la part de ceux qui ont marchandé plusieurs fois l'empire ottoman en conspirant pour les fournitures secrètes. Et si la France était seule en face de l'Allemagne où en serait le siège du gouvernement aujourd'hui ? Dans les ruines de Timgad ?...

L'alliance germano-turque porte un coup sensible à la politique musulmane de la France. Les conséquences présentes ou futures iront dire à nos dominateurs que la Turquie a redressé sa force nationale d'où découle ce prestige qui est celui de l'Islam entier.

Les musulmans d'Afrique du Nord, qui ont toujours fait face seuls aux intrigues de leurs dominateurs, ne s'imposent pas, bien entendu, à la sympathie forcée des Turcs ; mais ils désirent voir l'empire ottoman toujours debout parce que les revers qui peuvent l'atteindre, les atteignent en même temps sous les railleries et les calomnies de ceux qui sont toujours à l'affût pour blesser l'amour-propre musulman.

En France, on n'ignore pas en effet que l'esprit arabe d'Algérie — surtout celui de l'élite — est orienté vers l'Orient et que les rapports germano-turcs ont donné une satisfaction complète à toutes les espérances.

Les auteurs de la *Réplique* à *des mensonges* ont pris les devants pour exposer dans leur brochure, au sujet de nos rapports avec la Turquie, leur hypocrisie à double face dans ce que l'on va lire à la page 20 :

> « Il n'est pas un musulman de l'Afrique du Nord qui ne sache et ne soit convaincu que la France ne fait pas la guerre au peuple turc, mais seulement au gouvernement jeune-turc actuel, qui conduit l'Islam à la ruine ; que c'est ce gouvernement qui a pris l'initiative de sa rupture avec la France en se soumettant aux ordres de Berlin pour l'attaque de nos alliés, les Russes »

Il s'agit là d'une déclaration bien solennelle ; la France, par la parole de l'interprète de la « Réplique », déclare ne pas faire la guerre au peuple turc, mais seulement aux membres du gouvernement actuel, qui « mènent l'Islam à la ruine ».

Or, pour prouver au contraire que la France mène une guerre acharnée contre le peuple turc, il suffira d'attirer l'attention du lecteur sur les termes des proclamations qui figurent dans la « Réplique », proclamations qui sont d'ailleurs toutes apocryphes par celà, que les administrateurs et les officiers des bureaux arabes d'Algérie les ont exigées de certains notables ou chefs de confréries religieuses pour calomnier l'ancienne domination turque et enseigner la haine du peuple ottoman actuel à la jeune génération musulmane de l'Afrique du Nord.

Les voici, à la page 48 de la Réplique ·

« ... Quant à nous, nos ancêtres nous ont recommandé de haïr les Turcs qui ont accompli tant de méfaits dans notre pays, et nous les haïssons encore davantage aujourd'hui que nous les voyons se ranger à côté de l'Allemagne ...»

A la page 49 :

« ... Les Turcs sont des Tartares. les Allemands sont des Germains et nous, nous sommes des Arabes. Or, il y a autant de distance entre les Tartares et les Arabes qu'entre le ciel et la terre ...(!) »

A la page 50 :

« ... Nos ancêtres nous ont transmis le récit de ce qu'ils eurent à subir sous les Turcs. Ils ne connurent alors ni la paix ni la sécurité pour leurs propres personnes. Au contraire, ils durent supporter toutes les abominations ... »

A la page 51 ·

« ... A l'époque de la domination turque, l'Algérie gémissait sous le poids de l'arbitraire, de l'injustice et des méfaits des Turcs qui poussaient l'ignominie jusqu'à mettre à mort, sans motifs, les saints marabouts et commettaient des iniquités de toutes sortes dont le souvenir douloureux s'est transmis jusqu'a nous, de génération en génération. Dieu nous préserve de dominateurs pareils... »

Voilà en quels termes ceux qui prétendent ne pas faire la guerre au peuple turc, affichent ici des théories qu'ils ont élaborées au nom de fonctionnaires indigènes — l'élite musulmane de l'Algérie qui connaît à fond la situation franco-indigène a été dispensée bien entendu de faire entendre sa voix — pour rappeler aux indigènes les systèmes du vieux temps et leur inculquer en même temps la haine du Turc.

La Turquie d'il y a cent ans, n'est pas d'abord la Turquie de

1914; et en admettant que son ancienne domination n'eût pas satisfait les Arabes, elle n'eût pas eu à subir quand même les chocs insurrectionnels que la domination française a dû enregistrer à différentes époques. Les *néfras* de Margueritte, en Algérie, et de Tala, en Tunisie. ne datent que d'hier ; le Maroc, meilleur témoin limitrophe des méfaits de la domination française sur l'Islam, se refuse énergiquement à la pénétration française au Mogreb, du moins dans les lieux où l'énergie marocaine est encore capable de fermer la porte à l'envahisseur. Moulav El Hafid a dit que le Français est incapable de comprendre l'âme du musulman. Il a parfaitement raison.

L'Islam de l'Afrique du Nord arrivera-t-il un jour a se montrer digne du sang de ses ancêtres et à se faire respecter au milieu des races que le sort a jetées dans notre pays ?

V.

L'ALLEMAGNE ET LES ARABES DE L'AFRIQUE DU NORD

Bien avant la pénétration française au Maroc, des Allemands avaient déjà pris un contact sérieux avec des éléments marocains, alors que le Maroc était fermé à tout autre expansion européenne.

Des groupes industriels et commerçants tels que les frères Mannesmann, à la tête d'importants capitaux, vinrent se fixer dans différents centres réputés pour la richesse des mines et d'autres produits du pays, et grâce à leurs relations, ils attirèrent vite certaines corporations marocaines, d'ordinaire réfractaires à la pénétration d'autres *Nesranis* (européens) dans le pays. D'autres agents se répandirent également dans différents lieux et leur expansion commerciale vint s'étendre même dans les agglomérations les plus reculées de l'Atlas, mettant ainsi en activité l'exploitation des produits qui se perdaient jadis dans l'ignorance, au plus grand profit des tribus environnantes.

Le fin mot de la *pénétration pacifique* revient, sans conteste, à l'Allemand qui fut le premier européen introduit, grâce à la confiance qu'il sut mériter auprès du peuple marocain.

Le Marocain a le jugement du bon sens et il comprit vite que *l'Alimani* n'était pas un de ces marchands d'allumettes qui essayaient de se glisser au Mogreb avec un bazar de bric-à-brac pour se livrer à des affaires louches et pour soutirer des gains au détriment des Berbères.

Les *Tadjers* (négociants) marocains des grandes villes se donnèrent le mot d'ordre : lier des relations commerciales extensives avec les Allemands. Il s'approvisionnèrent de grands stocks d'articles qui trouvèrent un écoulement extraordinaire dans la population, à cause de l'analogie frappante qui existe entre certains articles d'Allemagne et ceux des Arabes. Il n'est pas un intérieur marocain qui se respecte qui n'ait depuis ce temps un décor d'orfèvrerie, de faïencerie ou d'autres objets qui contribuent pleinement à la satisfaction des familles marocaines La plupart des boutiques des *Soucks* s'emplissaient de ces produits, et lorsque l'acheteur se présente, il a soin de répéter : *atini men l'alimani* (donne moi de l'Allemand).

· Le Marocain n'achetait pas seulement ses articles de l'Allemagne, il lui vendait en même temps des produits de son pays, et ceux qui étaient négligés autrefois tels que les amandes, rapportèrent dès lors de gros bénéfices aux tribus de l'Atlas et même du Souss.

La vérité est que le renom du commerce allemand fit beaucoup de jalonx en Europe, lorsque le Maroc s'ouvrit à des entreprises internationales.

Les nouveaux occupants, auxquels devait revenir cependant le privilège d'accroître l'ascendant de la France par l'entremise d'affaires commerciales — en même temps que celle des canons —, ne trouvèrent pas chez le Marocain un bon accueil pour l'écoulement des marchandises françaises.

Les Marocains avaient négligé d'abord pendant près d'un siècle de s'approvisionner en marchandises chez des voisins limitrophes. Auparavant et par l'entremise du Caïd Mac-Léan *), ils s'adressaient à l'Angleterre ; mais lorsque les articles allemands entrèrent au Mogreb, le goût et la préférence de la population se fixèrent sur ces articles. Il fut impossible à la propagande française d'arriver à déprécier la fabrication germanique : le Marocain est plus entêté que le Breton ; il veut de *l'alimani*, et il en voudra pendant toute sa vie !

Tout le monde sait également combien le Marocain est avide de la protection allemande ou, il est vrai. anglaise. Ce sont là des indices qui prouvent que le prestige français n'attirent vraiment pas le monde islamique, car, avant l'occupation même du Maroc, seuls deux ou trois sujets de l'empire Chérifien avaient sollicité la protection française. La légende de la contrebande d'armes et munition dont on a toujours accusé démesurément les Allemands, tire plutôt ses origines des jalousies d'ordre politique et commercial où l'Allemand a remporté la meilleure note aux yeux du peuple marocain.

Si l'on veut éclaircir le chapitre de cette contrebande, il faut avouer franchement que les troupes françaises sont combattues au Maroc, dans une large part, par les vieux fusils de guerre, modèle 74, que la France a vendus aux Marocains lors de l'alerte de Faschoda.

On trouve encore aujourd'hui entre les mains des Marocains un grand nombre de fusils à répétition dits *settachïas, acharïas*, etc., de provenance anglaise.

Cela explique — d'après ce que tout le monde marocain sait que les *Bouchaïbs* avaient été largement favorisés par des achats d'armes lors de la tension franco-anglaise de 1895-96. D'un part, la France

---

*) Le Caïd Mac-Léan est un agent anglais qui fut longtemps attaché en qualité d'instructeur auprès des troupes chérifiennes.

crut se débarrasser utilement de ses vieux fusils de guerre et les vendit aux Marocains pour leur permettre de s'opposer à un débarquement éventuel anglais dans les parages de la côte algérienne-marocaine ; de l'autre, les Anglais auraient également consenti à livrer des armements en échange d'une action marocaine anti-française dans le cas d'une guerre franco-anglaise.

Ce qui est certain, c'est que lors de l'affaire de *Dar Anflous*, qui est toute récente, le commandement militaire a découvert des stocks de ces armes et munitions qui étaient renfermées soigneusement dans des silos marocains. Français et Anglais avaient donc fourni des armes dont les Marocains se servent aujourd'hui contre la pénétration française.

L'Allemagne ne fait pas un petit jeu de guerre à la France, sans doute ; mais conclure de là que les Allemands soulèvent les Marocains contre les Européens du Maroc en leur fournissant continuellement des armements, serait une charge qui ne repose sur aucun fondement.

A part le chapitre de la contrebande — où les autorités françaises ne feraient pas mal de surveiller plutôt certains amis de l'Entente cordiale — il y a là-bas, au Mogreb, des cœurs arabes qui attendent en silence et isolés le retour des relations germanophiles. On ne peut pas, on ne pourra effacer les sentiments que les Marocains nourrissent à l'égard du peuple d'outre-Rhin. L'Algérie musulmane vient de contracter une nouvelle dette de reconnaissance envers ce peuple, et la situation des éléments musulmans prisonniers de guerre en Allemagne va en expliquer le fond.

Le dernier chapitre du premier fascicule de l'*Islam dans l'armee française,* relativement à la situation des éléments indigènes qui sont prisonniers de guerre en Allemagne, est encore l'objet de réfutations et de protestation de la part des auteurs de la *Réplique à des mensonges.*

Cette fois, les autorités militaires allemandes qui dirigent les camps de concentration des prisonniers de l'Afrique sont directement mises en cause. Des personnalités du monde musulman de Berlin sont également accusées d'avoir entretenu une « propagande odieuse », en vue d'inciter des éléments musulmans de l'Afrique à combattre dans les rangs turcs.

Le malvaillant Tordjman de la « Réplique » est allé un peu loin cette fois et, avant d'analyser ses récriminations, il conviendra que le lecteur sache d'abord en quels termes ce faussaire s'est exprimé :

·Page 42, 43 et 44 *(Réplique à des mensonges)*.

« Tout d'abord, nous tenons à dénoncer à l'opinion du monde entier les procédés odieux employés par les Allemands, vis-à-vis de nos frères prisonniers, en vue de les obliger à servir dans les rangs turcs.

« Une propagande a d'abord été entreprise auprès d'eux par des personnalités égyptiennes, turques et syriennes. L'une d'elle a été appelée tout exprès de Damas. Ses origines algériennes l'indiquaient comme susceptible d'avoir une influence particulière.

« C'est Ali-Pacha, frère de l'Emir Abd-El-Kader. On représentait à nos frères que leur devoir de musulmans était d'aller combattre dans les rangs turcs. Ces appels restèrent sans écho. On passa alors aux promesses d'argent, qui n'eurent pas plus de succès.

« Devant cette belle attitude, les Allemands menacèrent de pires représailles : « Vous irez de force chez les Turcs, puisque vous ne voulez pas vous y rendre volontairement. » Et toutes les vexations furent infligées à nos malheureux frères. Ils furent soumis aux travaux les plus durs et le plus répugnants; on alla même jusqu'à les priver de nourriture. Et ce ne sont pas seulement des hommes qui menaçaient; les femmes allemandes, que l'on pourrait croire plus accessibles à la pitié, en faisaient autant.

« Il nous a été rapporté par un grand blessé qu'une religieuse lui dit un jour : « Lorsque tu seras guéri, tu iras te battre contre la France dans les rangs turc ». Devant les protestations indignées du tirailleur, elle entra dans une violente colère et lui dit : « Eh bien, tu iras de force, comme tous tes frères.

« Ces procédés de mauvais traitements auxquels les soldats indigènes de l'Afrique du Nord sont soumis, ne sont pas ignorés de la masse de nos compatriotes, et ce ne sont pas les affirmations du traître El Hadj Abdallah qui peuvent calmer la douleur que nous ressentons à la pensée des souffrances morales et physiques de nos malheureux frères prisonniers en Allemagne. »

Ici, il m'est d'abord infiniment agréable que les autorités allemandes, qui ont accompli et accomplissent encore tant d'actes humanitaires à l'égard des prisonniers musulmans, puissent constater positivement cette fois la mauvaise foi et la fourberie des auteurs de la

Réplique à *des mensonges.* L'opinion allemande saura désormais d'où partent les « grossiers mensonges ».

Les personnalités du monde musulman de divers pays présentes à Berlin, qui demandent l'autorisation d'avoir accès dans les camps pour apporter à leurs coreligionnaires le réconfortant moral de pieux devoirs à l'occasion des fêtes religieuses, sont également édifiées sur la supercherie de ceux qui les accusent d'être « d'odieux propagandistes ».

A la rigueur, ni les Allemands qui accomplissent en silence tant de bienfaits à l'égard de plusieurs milliers d'Arabes qu'ils savent opprimés sous le joug français, ni les personnalités musulmanes mises en cause, n'auraient besoin d'une riposte pour jeter à la face des faussaires le mépris qu'ils méritent : les prisonniers, à leur retour en Afrique, iront eux-mêmes démentir formellement les accusations dont il s'agit.

Mais je ne voudrais pas laisser passer cette occasion sous silence parce qu'elle résulte d'une réponse faite à une brochure que j'ai écrite. Que les autorités allemandes et les personnalités musulmanes en question veuillent bien me permettre seulement de mêler leur renom aux explications que j'ai à formuler pour tracer la véritable situation de l'Islam en Allemagne.

Dans la précédente brochure de *L'Islam dans l'armée française,* la situation des prisonniers a été détaillée avec l'exactitude que mérite les prévenances que les Allemands ont réservées aux premiers échelons indigènes fait prisonnier au front.

Depuis cette époque, les choses se sont développées de plus en plus par de nouvelles prises. Des contingents viennent grossir succes sivement les effectifs et actuellement toute une « colonie » d'Arabes vivent dans le pays d'outre-Rhin.

L'installation des camps est en parfaite harmonie avec le caractère arabe pour ne pas choquer aucun amour propre entre musulmans. Les prisonniers de marque, c'est-à-dire les membres d'ordres religieux des Zaouïas, les Caïds et les fonctionnaires de tout rang, encore porteurs de leurs divers insignes, occupent des locaux spéciaux avec le personnel qui les sert. Les denrées d'alimentation leur sont presque toutes fournies en nature et ils font préparer leurs aliments comme ils l'entendent, dans des cuisines spécialement mises à leur disposition. Les autres groupes de tirailleurs algériens, marocains et tunisiens, pour les laisser jouir de leurs divertissements coutumiers, sont logés dans des secteurs à part, mais faisant partie d'un même camp. Les installations des uns et des autres sont très bien tenues ; les conditions hygiéniques sont toujours observées. Les installations des captifs musulmans en Allemagne n'ont rien de commun avec les baraquements du Maroc et les masures qui servent de lieux de garnisons aux troupes indigènes en Algérie.

Des locaux spéciaux tels que cafés maures, salle de lecture et d'études, sont également amenagés à la grande satisfaction des captifs.

Les lettrés s'adonnent à la lecture d'ouvrages en arabe, qu'ils prennent d'une bibliothèque richement garnie. Ceux qui ne savent pas lire, suivent différents cours que dirigent des Imams.

Le cours d'allemand attire de nombreux volontaires ; les Arabes le suivent avec goût à cause de l'analogie qui existe entre l'accent tonique allemand et celui de la langue arabe On peut dire que les musulmans apprennent beaucoup plus facilement l'allemand que le français.

En dehors des heures d'occupation — où l'emploi du temps est réglé de telle sorte que les captifs ne tombent pas dans l'inaction et l'ennui — il y a des jeux et autres distractions en plein air dans des stands aménagés à cet effet.

Les groupes non retenus aux camps par les études, vont, à tour rôles, exécuter de petites corvées à l'extérieur de ces camps. Les pri sonniers attendent leur tour avec impatience pour l'exécution de ces corvées, parce qu'elles leur donnent l'occasion d'admirer le paysage et les mouvements de l'activité allemande. Il y a loin de là à ces travaux « durs » et « répugnants » dont parle le *Tordjman*. Que les auteurs de la « Réplique » se tranquilisent à ce sujet : On ne connaît pas de travaux durs et répugnants dans les camps de l'Islam captif en Allemagne.

Journellement, de petites marches militaires sont exécutés également à tour de rôle par les prisonniers, sous la cadance d'une *Nouba* bien organisée. Les scènes de danses *Naïliates* de Djelfa ou de Biskra, se produisent à la grande curiosité des Allemands, au cours de ces marches.

L'attitude des cadres allemands de surveillance est des plus loua- bles ; on n'entend pas ici ni incartades et volées d'invectives comme dans les rangs français. Pendant tout le mois du carême et à l'occa- sion des fêtes religieuses, les autorités accordent un repos complet.

Au sujet de la pratique du culte musulman, il faut encore rendre hommage au commandement allemand, dont le premier souci a été d'assurer, dès l'arrivée des captifs dans les lieux qu'ils occupent, des aménagements confortables pour permettre aux adeptes musulmans de se livrer à leurs devoirs religieux.

On sait qu'une mosquée magnifique a été construite dans le rayon central des camps, qu'entourent des dépendances servant de bains maures pour les ablutions rituelles. Aux heures de la prière, tous les prisonniers se rassemblent, et il est vraiment notoire que les grands événements qui nous ont délivré du joug français, ne remplissent nos cœurs meurtris que d'un sentiment de concorde !

Membres religieux, caïds, goumiers, Marocains, Tunisiens, Algériens, Egyptiens, tous fraternisent dans une communion touchante. Des Imams turcs, en habits orientaux d'usage, viennent présider les cérémonies et leur présence ajoute un cachet magnifique au milieu de l'Islam africain.

La liberté la plus complète est laissée aux prisonniers dans l'accomplissement de leurs devoirs ; les autorités allemandes savent que la France n'entretient aucun service religieux dans les rangs musulmans. Le *Tordjman* de la « Réplique » l'a d'ailleurs déclaré solennellement : « Le musulman peut, partout où il se trouve, satisfaire seul à la plénitude de ses devoirs envers la divinité ».

Les prisonniers se livrent cependant avec beaucoup de soins à ces devoirs et ceux qui les négligeaient ou qui ne les rendaient pas du tout, s'appliquent maintenant à leur éducation religieuse.

Les fêtes musulmanes donnent lieu dans les camps des captifs à des manifestations vraiment imposantes. Le commandement les prescrit et fait connaître aux prisonniers les jours où elles doivent avoir lieu, de concert avec les avis de Constantinople. Le monde musulman de Berlin est invité et nombreuses sont les personnalités qui abandonnent leurs occupations pour aller se joindre à l'ambassadeur turc et à son personnel, et se rendre dans les camps mahométans. Là, les autorités militaires allemandes, en grande tenue de service, les reçoivent et les conduisent dans les lieux où doit avoir lieu la cérémonie des prières. Pour ces devoirs, le mélange des mahométans est complet. L'ambassadeur turc et son personnel, des personnalités musulmanes des différents pays et des officiers turcs sont pêle-mêle avec des Marocains, des Tunisiens, des Algériens, des Hindous, des Persans, des Egyptiens et des Arabes d'Arabie. Au signal donné par des Imams, les çoff se forment dans la même réunion et bientôt les corps s'inclinent vers l'Orient, tandis que les généraux et les autres officiers allemands, à l'écart, gardent une attitude respectueuse.

Après les devoirs religieux, des repas d'apparat sont servis aux assistants de toute nuance par des soldats allemands, pendant que les prisonniers se livrent au rôtissage des moutons que le Calife et les autorités allemandes ont offerts avec d'autres suppléments à l'occasion de ces réjouissances.

L'animation est grande ; les autorités et les personnalités musulmanes s'entretiennent avec les prisonnniers. La *nouba* alternant avec les musiques allemandes, se fait entendre au milieu des danses africaines qui attirent la curiosité des assistants. Ce sont de belles journées qui divertissent agréablement les captifs. Et les invités retournent à leurs occupations, enchantés d'avoir pu s'acquitter de respectueuses coutumes au milieu de leurs coreligionnaires de l'Afrique et d'autres pays, et d'avoir pu constater les prévenances qui entourent les captifs.

C'est ce que l'insolent *Tordjman* et ses deux misérables rénégats appellent des « procédés odieux » ?

C'est en allant s'acquitter des exigences rituelles à la fin du jeûne où à l'occasion du *mouloud*, que les personnalités musulmanes « obligent » les captifs de l'Afrique du Nord à combattre dans les rangs turcs ?

Les prisonniers musulmans n'ont pas besoin d'abord d'une propagande de ce genre ; les cœurs des Algériens sont assez meurtris par la tyrannie habituelle des dominateurs.

Si les autorités allemandes, au contraire, donnaient satisfaction à tous ceux qui demandent spontanément l'insigne honneur d'aller combattre dans les rangs turcs, des milliers de combattants ne seraient pas seulement dans les rangs du Calife — ce qui est un devoir tout naturel pour un bon musulman — mais bien dans quelque front européen contre la France, pour se faire payer en nature une partie des mauvais traitements dont ils ont eu à souffrir dans les rangs français.

Le caractère imposant des fêtes religieuses et l'admirable confraternité d'armes qui unit les Allemands et les Turcs, réagissent sans doute sur le sang des captifs de l'Afrique du Nord ; mais les « procédés odieux » dont parle l'homme mystérieux de la « Réplique », n'existent que chez les cadres qui dirigent l'Islam de la « douce France ».

On peut, d'ailleurs, analyser ici un cas parmi les nombreuses inepties du *Tordjman*, pour donner au lecteur une idée des invraisemblances qui sont décrites dans l'opuscule des rénégats.

Il écrit à la page 43 de la « Réplique » ce qui suit :

> « Il nous a été apporté par un grand blessé rapatrié qu'une religieuse allemande lui dit un jour : „Lorsque tu seras guéri, tu iras combattre contre la France dans les rangs turcs". Devant les protestations du tirailleur, elle entra dans une violente colère et lui dit : „Eh bien tu iras de force, comme tes frères". »

Or, tout le monde sait — comme son nom l'indique d'ailleurs ce que c'est qu'un *grand blessé*. C'est un combattant qui a reçu une grave blessure et qui, à la suite d'une amputation ou autre opération déterminée par cette blessure, est devenu invalide et, par conséquent, absolument incapable de servir dans les rangs. C'est pour cette raison même que le rapätriement des grand bléssés est opéré réciproquement entre les belligérants. Et dès lors comment peut-on admettre qu'une religieuse allemande puisse entrer dans une *colère violente* et dire à un tirailleur indigène qui n'a qu'une jambe, par exemple : « Quand tu seras guéri, tu iras combattre dans les rangs turcs contre la France. »

Il n'est venu à la conaissance de personne que les Turcs aient dans leurs rangs des combattants qui, dans les charges contre les Dardanelles, trottent au moyen de béquilles pour mettre l'ennemi en fuite. Belle invention, n'est-ce pas ? que la légende de cette religieuse qui fait une propagande pour envoyer des boiteux, des borgnes, des amputés et d'autres malingres grossir les contingents du Calife !

Que les rénégats et le Tordjman militaire de la « Réplique » se rassurent encore une fois. Les « procédés odieux » et les « travaux durs et répugnants » sont interdits dans les camps des captifs africains.

Au surplus, ces insinuations grotesques ne tromperaient nullement les Arabes de l'Afrique du Nord, et différents parents de prisonniers ont déjà envoyé des lettres pour remercier chaleureusement les autorités allemandes d'avoir réservé un accueil humanitaire à ces prisonniers.

Le rôle du gouvernement allemand à l'égard de l'Islam de l'Afrique — représenté par des milliers de captifs en Allemagne — est bien au-dessus de l'ergoterie malsaine qui s'affiche dans tous les journaux des dominateurs de l'Algérie. Ce rôle qui a déjà produit des effets, va démontrer dans les lignes qui vont suivre que l'influence allemande sur le caractère arabe est bien placé pour déterminer dans l'état des indigènes d'appréciables changements. Sans cette influence, leur sort demeurerait encore longtemps dans le marasme des critiques et de l'hésitation.

Un certain nombre de photographies exposées dans les pages de la « Réplique », annoncent la fondation d'une mosquée, d'installations sanitaires et l'aménagement de cimetières que le gouvernement français aurait fait préparer pour les besoins des combattants indigènes en France.

Réelles ou truquées, les images de ces institutions n'enlèvent à personne l'idée que les autorités ont dû, ces derniers temps, pourvoir le culte musulman de quelques accessoires rituels, à seule fin de prouver aux Musulmans de l'Afrique du Nord qu'on s'occupe de ceux qui combattent au front de France.

C'est un peu tard, il est vrai, mais mieux vaut tard que jamais.

Il serait vraiment regrettable que tous ceux qui travaillent pour les correligionnaires algériens, n'obtinssent pas une série de résultats.

Ce n'est pas grand'chose si l'on veut : un *bordj* retapé par quelques arabes en guise de mosquée, des carrés réservés ça et là pour l'enterrement des morts, des installations sanitaires plus hospitalières que l'humidité des caves, un *Imam* coiffé d'un *chêch* vert et le tour est joué. Il en faut si peu pour contenter l'Arabe. C'est quelque chose qui vaut mieux que la doctrine du *Tordjman :* « Le musulman peut, partout où il se trouve, satisfaire seul à ses devoirs religieux ».

Malheureusement, ce « quelque chose » n'exprime pas précisément un geste spontané chez le Français, qui n'a pas l'habitude de doter facilement l'Arabe de quelque bien-être. Le culte musulman et les cérémonies qui l'entourent n'ont jamais été, en campagne, l'objet de prévenance sous les drapeaux d'une grande nation qui se déclare être à la tête de la civilisation. En France, nous n'avons remarqué aucune trace de souvenir de musulmans morts pendant la guerre de 1870. Au Maroc, ceux de nos correligionnaires qui tombent sont enterrés au hasard, dans tous les coins où les chacals viennent les dévorer le jour même de leur enterrement. Au front de France, pendant cette guerre, les choses ont continué à suivre longtemps le cours des habitudes, sans que nous eussions remarqué la présence d'Imams ou l'institution d'autres prescriptions rituelles qui missent fin à l'insouciance de nos dominateurs.

Non, les objets exposés par les photographies de la « Réplique » ne sont pas le résultat d'un mouvement sincère de l'âme française en vue de doter l'armée indigène des secours religieux qui ont fait défaut pendant près de 70 ans.

Il a fallu qu'une « poussée » extérieure vint déterminer chez nos maîtres un acte presque forcé. Il est infiniment regrettable que le caractère français n'agisse, dans les choses de la politique indigène, que sous l'influence des secousses du dehors.

En veut-on un exemple ? — Le voici :

Nous ne pouvons pas ignorer que la poussée allemande vers Constantinople fait partie d'un vaste dessein, et nous serions de grands coupables si, n'apercevant pas la portée de ce plan, nous ne nous préparions pas dès maintenant à prévenir les effets immédiats ou ultérieurs.

Pour atteindre ce but, deux mesures sont immédiatement possibles : la première, la plus facile, consiste à décider sans retard l'édification à Paris d'une imposante mosquée. Les musulmans qui versent leur sang pour nous sur notre sol, s'étonnent qu'une grande puissance islamique comme la nôtre n'ait pas encore fait construire dans sa métropole un seul temple où les Arabes puissent prier en liberté suivant les usages. Ce n'est pas tout. Il conviendra d'octroyer la naturalisation de droit à tous les soldats indigènes qui auront combattu pour la France. Il faut savoir aujourd'hui si l'on est avec ou contre l'Islam.

C'est ainsi que s'exprima un député français dont le nom est en vogue — Monsieur Paul Benazet — dans un article que publia le journal *Le Matin* à la date du 5 novembre 1915. sous le titre : « La France et l'Islam ».

Les données de cet article qui vinrent donner l'alarme et annoncer la « poussée », corroborent amplement ce qui a été dit au sujet des « influences extérieures ». Le geste des autorités françaises, n'est donc, dans la création des établissements annoncés dans la « Réplique » qu'une manifestation de parade pour « prévenir des effets immédiats » de la « poussée », dont parle Monsieur le député Benazet. On pourra citer ici d'innombrables avertissements de la presse française, naguère et toujours en vue de décider le gouvernement à prendre au sérieux les choses de la politique musulmane. Mais, nous nous contentons de l'article de Monsieur Benazet, parce qu'il résume mieux la situation qui intéresse particulièrement *l'Islam dans l'armée française*.

La construction d'une mosquée par les Allemands en Allemagne et les services complémentaires qui l'entourent, ont donné lieu d'abord à une leçon amère en France. Les autorités françaises pour « prévenir les effets immédiats», copièrent tout simplement sur le voisin pour montrer aux indigènes qu'on était capable d'en faire autant en France. Ce fut ensuite, comme le montrent les photographies de la « Réplique » l'aménagement d'installations sanitaires et le cimetière réservé aux combattants indigènes qui entrèrent dans les idées des dirigeants.

Et dès lors, comment les auteurs de la « Réplique » peuvent-ils représenter au soldat indigène que le Turc et l'Allemand sont bien un « ennemi commun », pour les Arabes Algériens, alors que, grâce à cet « ennemi », ce soldat doit d'avoir aujourd'hui une amélioration dans sa situation ?

Est-ce le « vaste plan » de la poussée vers Constantinople, où Monsieur Benazet fait entrevoir une domination allemande universelle sur le monde islamique, qui sert encore de prétexte pour enseigner la haine des Germains et des Ottomans ?

On ne voit pas d'exemple dans l'histoire où l'Allemagne ait accaparé un territoire musulman dans le grondement de ses canons.

Un peuple qui abat des puissances formidables, ne s'en prend pas aux faibles : il ne s en prend qu'à ceux qui tyranisent les peuples désarmés.

Sans l'action des germano-turcs, des Imams comme *Katrandji* et *El Ouennoughi,* des installations sanitaires, la mosquée de Nogent, le foyer du soldat indigène et les autres prévenances annoncées par la « Réplique », n'auraient jamais pu être l'objet d'une sollicitude auprès des chefs de l'armée indigène.

Les quelques bienfaits que la France vient de répandre ainsi au front de France. ne représentent qu'une propagande faite autour du « vaste dessein » qu'a exposé il y a un an le député de l'Indre.

Si l'Islam de l'armée française peut oublier la reconnaissance qu'il doit à l'action turco-allemande qui, de loin, lui procura le bien-être moral et matériel dont il est à même d'apprécier les premiers effets pour le moment, il ne pourra pas nier qu'Allemands et Turcs soient loin d'être cet « ennemi », tel que le lui représentent les faussaires de la vérité, c'est-à-dire ceux qui ont mis en œuvre la publication de la Réplique à des mensonges ».

CONCLUSIONS

Il a été noté dans les différents passages de cette brochure que les cadres français d'autrefois entretenaient de
bons rapports avec les serviteurs indigènes, et nous avons
été des témoins intéressés de la sollicitude d'il y a 25 à 30 ans.

Les troupes indigènes étaient à l'abri des intrigues du
dehors — moins développées à ce moment, il est vrai — et
les chefs étaient assez jaloux de leur protection pour ne permettre a aucun malintentionné de malmener le soldat musulman. Celui-ci était heureux de servir à l'ombre des drapeaux
et fier de son uniforme dans les différents milieux qui peuplent notre pays.

Confiants en nos chefs d'alors, nous nous sommes toujours attachés à remplir fidèlement nos devoirs militaires,
et cela malgré l'inappréciable différence des règlements spéciaux qui régissent notre état d'auxiliaires.

Le Francais, hélas ! devait démolir lui-même les meilleurs liens qui lui attirèrent un moment la sympathie et la
soumission du musulman.

Ces dernières années, l'amour-propre des musulmans algériens a été furieusement malmené par les attaques sans ré-
mission de la presse française de notre pays. Des journaux
locaux rédigent quotidiennement de fulminants articles pour
décrire nos vices aux Européens et autres privilgiés des
libéralités françaises de la colonie. Nous passons pour d'in-
corrigibles criminels, des voleurs et de coupe-bourses. Tous
les méfaits qui se commettent dans le pays, sont fatalement
imputés aux Arabes.

L'administration, sous l'instigation de la presse, renforça les multiples organes qui surveillaient déjà les indigènes, et les autorités civiles qui en assurent le fonctionnement furent investies de pouvoirs très étendus.

Des brigades de gendarmerie et des pelotons de policiers promènent des groupes de nos coreligionnaires, menottes aux mains, aux yeux des Européens et de l'étranger pour leur apprendre ce qu'est la population musulmane.

Que faut-il de plus pour attirer l'animosité et le mépris sur un peuple désarmé comme le nôtre?

C'est avec ces procédés et les calomnies de la presse qu'un peuple civilisé dresse et attire la sympathie d'un peuple ignorant?

Le musulman devient un être méprisable et fâcheux dans le pays de ses ancêtres. Il se débat, tel un naufragé sans secours au milieux des intrigues qui l'assaillent de partout.

Et ces démonstrations ne tardèrent pas à faire une forte impression sur les chefs de l'armée indigène. Le mot d'ordre circula comme par enchantement dans tous les clans : « Il faut être juste, mais extrêmement sévère ».

« Juste » est une façon de parler ; « sévère », les troupiers musulmans en voient de toutes les couleurs. « Vous êtes tous les mêmes », nous disent nos chefs.

Ceux qui commandent le corps musulman, rédigent des « instructions spéciales » pour prescrire aux cadres subordonnés de manier la discipline dans le sens qui convient à des gens dont la réputation est décrié publiquement.

Les officiers et les gradés indigènes sont interpellés par les chefs, au milieu de la troupe, avec des expressions qui provoquent le sourire railleur du simple soldat.

Ça ne devrait pas être toléré de la part d'un cadre qui, ailleurs, affecte envers nous des attitudes glaciales. L'officier, le gradé et le soldat musulmans, qui savent mourir pour la France, doivent savoir exiger le respect qui est dû sous les armes à leur amour-propre, cela fait partie de la dignité d'un homme, fût-il un sujet de la domination française.

Les cadres français ont trop abusé de la timidité de la troupe.

La patience a des bornes cependant.

Nos coreligionnaires, les soldats marocains, moins patients pour supporter les incartades et plus conscients du respect qui est dû aux sentiments propres de l'individu, n'ont pas voulu subir plus longtemps ce que les corps indigènes d'Algérie subissent depuis de longues années.

La révolte sanglante des soldats marocains de Fez, il y a 3 ou 4 ans, où bon nombre d'officier et sous-officiers ont été tués à bout portant, ne parait pas avoir suffisamment ouvert les yeux à nos chefs.

Les motifs que l'on a inventé pour masquer cette révolte ne sont que des subterfuges.

La véritable cause a eu pour précédents les mauvais traitements que les cadres français ont infligés aux Tabors, c'est-à-dire à des soldats qui n'étaient pas encore trop habitués à courber le dos sous la cravache de ces cadres.

Nous étions sur les lieux et nous nous sommes suffisamment documentés auprès des victimes, nos coreligionnaires, pour le déclarer ici à l'opinion de tous les amis de l'Islam.

Nous osons espérer que les antécédents qui sont signalés dans les deux brochures de « L'islam dans l'armée française » trouveront désormais auprès du lecteur le même verdict que la révolte des soldats marocains de Fez ont prononcé, et qui était un signe d'exaspération contre les agissements que subissent les éléments indigènes dans les rangs de l'armée française.

INDEX

Pages

Explications nécessaires 9

PREMIÈRE PARTIE

I. Ce qui a été dit et ce qui va suivre au sujet de l'armée
indigène . . . .

II. Les mauvais côtés de l'organisation des troupes indigènes

III. L'armée noire contre l'armée bronzée . . . .

IV. Les cadres francais en action. 2

V. Les gradés indigènes dans l'armée indigène . . . 36

DEUXIÈME PARTIE

I. Les troupes indigènes au front de France pendant la
guerre 39

II. Sur la ligne de feu 43

III. Impressions sur notre contact avec la population civile
dans le voisinage du front 48

IV. Autour des événements de la guerre 52

V. L'Allemagne et les Arabes de l'Afrique du Nord 60

Conclusions 73

CPSIA information can be obtained
at www.ICGtesting.com
Printed in the USA
BVOW09s0038221117
501000BV00023B/1541/P